L'empoisonnement mental

Du même auteur, chez Diffusion Rosicrucienne

- *Les Demeures de l'âme*
- *Les Doctrines secrètes de Jésus*
- *La Maîtrise de soi et le destin, avec les cycles de la vie*
- *La Vie mystique de Jésus*
- *Harvey Spencer Lewis, un Maître de la Rose-Croix*
- *Harvey Spencer Lewis, écrits d'un Maître de la Rose-Croix*

L'empoisonnement mental

Harvey Spencer Lewis

Dédicace

Aux milliers d'hommes et de femmes qui ont eu le malheur de devenir la proie des flèches empoisonnées de suggestions subtiles, destructives et sordides. Puisse cet ouvrage, pour des milliers d'autres humains, être un moyen de s'immuniser contre ces influences pernicieuses.

Introduction

Pourquoi rééditer aujourd'hui un ouvrage paru en 1937 ? Depuis des décennies, la science ne cesse, dans tous les domaines, de progresser. Et pourtant, notre siècle laissera peut-être le souvenir d'un immense paradoxe : les plus grands progrès technologiques, scientifiques, médicaux, côtoyent une profonde détresse humaine, exacerbée par trop de guerres, de conflits fratricides et par un matérialisme envahissant. Les découvertes de ces dernières années nous font de plus en plus pressentir que le monde infiniment petit ou infiniment grand est l'expression d'un ordre que seule une Force Supérieure, émanant d'une Intelligence Universelle, peut expliquer. Plus l'homme prend conscience de cette Perfection, plus il est confondu devant ses propres faiblesses, ses lâchetés, sa violence ; en un mot, devant sa propre imperfection. Elles le révoltent, au sens étymologique du terme, le poussant à se tourner vers lui-même. La floraison actuelle de nombreux livres sur la pensée positive ne fait qu'exprimer ce mouvement : l'homme ne peut observer le monde pour l'analyser, le comprendre et l'expliquer, sans en venir à un moment ou à un autre, à s'observer lui-même. Il éprouve un besoin grandissant de savoir qui il est et d'utiliser sa propre nature pour se construire et s'épanouir.

L'ouvrage d'Harvey Spencer Lewis, dans ce contexte, n'est pas exclusivement un ouvrage sur l'empoisonnement mental. Serait-ce le cas, il n'en demeurerait pas moins, dans la période troublée que traverse l'humanité, une oeuvre de valeur ; car l'empoisonnement mental, ce ne sont pas seulement toutes les superstitions issues de vieilles croyances ancestrales. C'est aussi l'assujettissement d'un être à des situations, des conditions ou des croyances dont il pense qu'elles sont inexorables. Seul l'être conscient de cet emprisonnement peut s'en libérer. A cet égard, Harvey Spencer Lewis, en décortiquant les mécanismes de ce processus subtil, nous éclaire sur la manière dont il est administré et sur les raisons pour lesquelles nous en sommes parfois victimes.

Ces raisons — et c'est en ce sens que cet ouvrage n'est pas seulement un ouvrage sur l'empoisonnement mental — résident, en fait, en nous-mêmes. Au-delà de la conscience ordinaire, se trouve le subconscient dont le fonctionnement répond à certaines lois précises. C'est à ce niveau qu'agit la suggestion mentale. Les pages qui suivent nous font comprendre le rôle essentiel que le subconscient peut jouer dans notre vie si, plutôt que de l'accabler d'idées négatives, nous lui transmettons des pensées constructives, utilisant ainsi notre nature, dans toutes ses dimensions, pour affronter les difficultés quotidiennes tout autant que pour réaliser nos aspirations les plus profondes.

La Grande Loge de l'A.M.O.R.C.

L'empoisonnement mental

Chapitre I

Hypnotisme ou magie noire ?

Les morts étranges de nombreux explorateurs qui prirent part aux fouilles du tombeau du roi Tout Ankh Amon ont fini par éveiller peu à peu l'intérêt du monde entier pour les anciennes croyances à la magie noire et aux malédictions magiques.

L'augmentation périodique du nombre d'individus qui devinrent ainsi, apparemment, les victimes des *«malédictions secrètes des tombeaux»* a poussé le public à s'intéresser plus vivement à ce sujet, au point que de nos jours, une forte proportion de la population du monde civilisé croit que le mystère de ces morts a été délibérément dissimulé par la science et la religion, et par les déclarations décousues, contradictoires et soigneusement orientées de ceux qui en savent plus à ce sujet qu'ils ne veulent bien l'avouer. Mais une bonne partie de la population non civilisée hoche la tête de manière significative, laissant entendre qu'elle connaît trop bien la question pour encourir le déplaisir de démons invisibles en risquant quelque commentaire.

Bien que les auteurs d'articles de la presse à sensation et de magazines au style plus ou moins sophistiqué aient souvent exagéré les traditions historiques et les récits fidèles de ces pouvoirs magiques en essayant d'effrayer les gens irréfléchis par d'étranges croyances, les tentatives d'éminents scientifiques, de directeurs spirituels ou d'instructeurs religieux de faire croire que ces morts mystérieuses et subites n'étaient qu'une suite de coïncidences, sans aucun rapport avec le tombeau lui-même, sont tout aussi impuissantes à calmer l'intérêt croissant du public pour les pouvoirs magiques et leurs effets. Mais quelques uns des spécialistes les plus compétents du mental et de la psychologie affirment que s'il y avait eu le moindre lien entre les maladies très étranges qui provoquèrent la mort soudaine d'une vingtaine ou plus d'explorateurs, et l'ouverture du tombeau du roi Tout Ankh Amon d'où ceux-ci emportèrent les objets sacrés et mystérieux qui s'y trouvaient, ce lien était uniquement mental. Il prit la forme d'une suggestion hypnotique qui amena chaque victime à créer elle-même en son propre corps l'étrange maladie qui la conduisit à la mort, alors qu'elle tremblait sans cesse de peur en entretenant mentalement l'idée de son châtiment inévitable pour avoir participé à la violation d'une ancienne loi égyptienne.

On essaie ainsi de résoudre le mystère non plus par des formules magiques anciennes mais par des phénomènes psychologiques ou hypnotiques, comme si cela offrait une explication plausible et acceptable et répondait à toutes les questions. Si les morts furent imputables à une suggestion hypnotique créée dans la conscience de ces explorateurs, à la suite des deux premiers incidents de l'étrange succession de décès mystérieux, la cause de ces manifestations qui se sont répétées vingt-deux fois devrait se situer entièrement à l'époque moderne. En d'autres termes, si la suggestion hypnotique accompagnée de peur est la véritable explication des morts qui suivirent, la cause ne remonte qu'à la seconde ou peut-être à la troisième, de ces morts soudaines et inexplicables. Nous pourrions même admettre que cette cause psychologique apparut immédiatement après la première mort, mais nous ne pourrions certainement pas la faire remonter à quelque autre fait ou incident ayant précédé la mort mystérieuse de la première victime de ce processus. Mais le fait étonnant que

La photographie ci-dessus représente le célèbre temple ou tombeau de la reine égyptienne Hatchepsout, 1500 avant J.C., qui fut filmé au cours d'une expédition cinématographique de l'A.M.O.R.C. Dans cette mystérieuse vallée accidentée du Nil, entourée de hautes falaises de pierres, sont enterrés les Grands d'Egypte, les pharaons et les rois du passé. La plupart de ces tombeaux-temples portent des inscriptions de mise en garde destinées à tous ceux qui oseraient violer leur lieu sacré, menaçant les profanateurs des pires conséquences.

Voici une partie du fameux temple du tombeau de Ramsès, que fit bâtir Ramsès II à Thèbes au cours de la dix-neuvième dynastie. Ces statues colossales de Ramsès sont un signe de sa vanité. Les anciens rites pratiqués dans ce sanctuaire furent souvent incompris des profanes à qui ils inspiraient de la terreur et ils devinrent la base de superstitions qui durèrent des siècles. (Filmé par l'A.M.O.R.C. au cours d'une expédition cinématographique).

cette théorie n'explique pas, c'est que ce cycle inquiétant de morts mystérieuses fut la conséquence d'une malédiction prophétique proférée, puis gravée sur le mur du tombeau du roi Tout Ankh Amon, il y a trente-deux siècles.

La question est donc la suivante : quelle forme de magie inconnue a pu prolonger la durée d'une malédiction pour produire par la psychologie des résultats physiologiques à l'époque moderne ? S'agit-il d'hypnotisme ou de magie noire ? De nécromancie ou de loi karmique ? Qu'avons-nous là que la science n'ait pas expliqué et que l'intelligence du profane ne puisse comprendre mais seulement redouter. Une autre explication très plausible, bien qu'assez troublante, a été avancée ; elle suggère qu'un certain poison chimique d'une substance réelle et palpable a été placé à l'intérieur du tombeau scellé du roi Tout Ankh Amon, sur toute la surface des murs, et que tous les explorateurs, tous ceux qui entreprirent des fouilles, inspectèrent le tombeau ou manipulèrent les objets funéraires qui s'y trouvaient, entrèrent physiquement en contact avec ce poison qui fut absorbé rapidement par leur organisme, les contaminant au point de produire des effets presque identiques chez chacune des vingt-deux victimes, les ayant conduites à une mort rapide et tragique.

Les mentalités frustres s'empresseront de s'emparer de cette dernière explication, qu'elles trouveront non seulement logique, mais si simple et dépouillée d'éléments surnaturels qu'elle leur paraîtra juste sans le moindre doute. Mais ceux dont la pensée est plus analytique discerneront vite les défauts d'une telle théorie. En premier lieu, les spécialistes consultés, qui ont procédé à l'examen et à l'analyse des traces les plus infimes de substances chimiques de la poussière, prélevée du plus petit au plus gros objet du tombeau, de ses murs et même de certaines parties du sarcophage, n'ont pas réussi à déceler la plus légère trace d'un poison quelconque. Et, en réponse à la question de savoir si quelque ancien poison inconnu n'aurait pu être mêlé aux infimes substances testées sous microscope, les spécialistes des poisons et de leur pathologie déclarent qu'ils ne connaissent aucun poison ayant pu rester actif et conserver ses effets facilement pendant un si grand nombre de siècles. D'autre part, une absorption aussi facile lors d'un simple contact occasionnel avec des objets du tombeau, par l'organisme de ceux qui ne firent guère plus que les mesurer ou les photographier et qui pourtant furent victimes de l'étrange maladie, paraît peu probable.

Un autre défaut marquant, cependant, rend inacceptable la précédente théorie de l'empoisonnement chimique. C'est le fait que bien que tous ceux qui participèrent aux fouilles (terrassiers, explorateurs, enquêteurs, photographes, artistes, observateurs, témoins et associés) aient pénétré dans le tombeau du roi Tout Ankh Amon presque à la même heure et le même jour, tous ayant été en contact avec les objets découverts dans le tombeau ce jour-là et ayant poursuivi leurs activités à l'intérieur au cours de cette même journée, ces vingt-deux personnes présentes ne furent pas toutes frappées le même jour par la maladie et ne passèrent pas en transition à une date rapprochée. C'est seulement l'une après l'autre, au bout de plusieurs jours, semaines, ou mois, qu'elles subirent le mal mystérieux qui les conduisit toutes à la mort. Et toutes ces personnes ne manifestèrent pas les mêmes signes, si ce n'est généraux ; elles ne souffrirent pas toutes des mêmes états pathologiques ou physiologiques, ni de symptômes identiques. Cependant, chacune eut nettement la même attitude mentale que les autres, la même peur incontrôlable et la même prémonition d'un mal implacable !

La photo ci-dessus représente une chambre de sarcophage (de momie) découverte à la suite de fouilles dans un temple de la pyramide. Ce petit temple est situé près du Sphinx, à peu de distance de la pyramide, à laquelle il était relié à l'origine par une longue chaussée ou rampe où avaient lieu des cérémonies pour les défunts. Plus tard, d'autres cérémonies et initiations se déroulèrent dans la Grande Pyramide elle-même. C'est en de tels temples que les Sages s'efforçaient de combattre les superstitions et les peurs, l'empoisonnement mental de l'époque.

Remarquez le fellah égyptien, au centre de la photographie, faisant sa salutation au passé dans le temple hypostyle géant. Observez également les hiéroglyphes profondément gravés sur les colonnes. Pour les illettrés et les ignorants, ces hiéroglyphes étaient des dessins maléfiques qui leur serraient le cœur d'effroi. L'empoisonnement mental consécutif résultait de leur ignorance et de leur superstition, plutôt que de quelque intention des prêtres, des scribes et des pharaons.

De plus, accompagnant leurs craintes incontrôlables et nerveuses et leurs terribles prémonitions, elles eurent aussi les mêmes visions hallucinatoires et souffrirent d'états psychiques morbides.

Quelle sorte de poison, organique ou non, a bien pu être composé et placé ainsi dans un tombeau il y a trente-deux siècles, avec le pouvoir insidieux de s'inoculer et de produire ses effets chez des êtres humains normaux et en bonne santé en quelques secondes, le même jour, et d'entraîner chez eux des états psychiques et mentaux tout à fait identiques, accompagnés de toute une série peu ordinaire d'impressions et de prémonitions psychiques, pour finalement aboutir à des affections incurables s'achevant par une mort horrible, dans un laps de temps variable ? C'est parce que la science moderne n'a pu répondre à cette dernière et complexe question que l'idée ou la théorie d'un empoisonnement chimique de l'organisme doit être abandonnée. Si donc nous nous tournons vers les psychiatres et les spécialistes des problèmes psychologiques et métaphysiques pour leur soumettre la même question, nous en recevons cette réponse étonnante : *«Il n'y a qu'un seul poison insidieux que l'on ait pu inventer il y a trente-deux siècles ou davantage et sur lequel l'on ait pu compter pour exercer les effets désastreux que nous avons observés : c'est le poison mental !»*

Au cours des siècles, l'empoisonnement mental, sous une forme ou une autre, a réduit à l'esclavage des millions d'être humains et torturé l'âme d'hommes et de femmes de tous pays et de toutes conditions.

L'empoisonnement mental a été l'arme des populations les plus anciennes et les plus primitives. Il a été un instrument de torture et de mort insidieux, invisible, indécelable, qu'ont manié gens instruits et ignorants, riches et pauvres, gens de haute et de basse condition et même ceux qui affectaient la sainteté ou la piété. Ce fut le «*moyen d'arriver à une fin*» qu'eurent entre les mains des hommes malintentionnés : puissants ou gouvernants, médecins ou magiciens, prêtres ou ecclésiastiques, gangsters, maîtres-chanteurs et prétendus amis. Ce fut un attribut du pouvoir que manièrent ceux qui se mirent eux-mêmes à la tête de réformes sociales et de rapines organisées. C'est toujours le subterfuge subtil et diabolique de millions d'hommes et de femmes qui ont ou non conscience de son pouvoir et de sa puissance de mort. Et nous tous, d'un moment à l'autre, dans chaque domaine de la vie, en toute circonstance, nous risquons d'être les victimes éventuelles de cet empoisonnement mental, si nous ne comprenons pas sa nature et sommes incapables d'en reconnaître l'inoculation contagieuse et de nous servir du seul antidote connu pouvant produire sur lui une réaction efficace pour nous sauver de la contamination !

Chapitre II

La magie noire est-elle possible ?

Tout au long des siècles, la croyance superstitieuse dans le pouvoir du mauvais oeil, de la puissance subtile du magicien noir et dans le mental dominateur de l'hypnotiseur, a toujours existé.

Lorsqu'on voyage dans des pays comme l'Egypte, même à l'époque actuelle, on est frappé par deux faits étranges.[1] Presque toutes les maisons ou les bâtisses où vivent les indigènes, quel que soit leur aspect primitif ou délabré, ont à quelque fenêtre un seul volet bleu ou, en l'absence de volet, une marque de peinture bleue sur l'un des murs extérieurs ; et au cou de chaque créature vivante, y compris les ânes et les chameaux, ainsi qu'à celui de la plupart des indigènes, une perle de verroterie bleue est suspendue au bout d'un cordon. Il s'agit toujours d'un bleu turquoise. On est ensuite frappé par le fait que la plupart des hommes et des femmes de ce pays ont un de leurs yeux soit complètement aveugle, crevé ou estropié, soit horriblement déformé, et c'est le cas même des petits garçons et des petites filles. De prime abord, on peut ne pas se rendre compte qu'il existe une relation entre le volet bleu, la marque de peinture bleue sur le mur, la perle de verroterie bleue au bout du cordon et l'oeil estropié. Mais l'examen révèle que toutes ces choses sont considérées comme des moyens de protection contre l'influence *«du*

[1] (N.D.L.E.) Le lecteur doit ici se souvenir que cet ouvrage fut rédigé en 1937.

mauvais œil» ou l'influence magique de quelque esprit du mal, invisible mais omniprésent et omnipotent.

Pendant des siècles, ceux qui croyaient à une telle superstition ont fait pratiquer sur leurs bébés d'à peine quelques heures ou quelques jours, l'énucléation d'un oeil ou l'ont crevé à l'aide d'un instrument chauffé au rouge ou même avec l'ongle de la main gauche, afin que tout au long de leur vie, et même jusque dans leur vieillesse, l'aspect horrible de ces enfants puisse faire peur à la force du mal et l'éloigner, tout comme le volet bleu, la peinture bleue et la perle de verroterie bleue. En observant de telles superstitions dans des pays non civilisés ou peu civilisés, dont la population est en contact chaque année avec des millions de touristes venus de pays modernes qui n'ont pas recours à de pareilles formes de protection magique, nous pouvons comprendre combien il est difficile de débarrasser la mentalité et la conscience des êtres humains de toutes ces croyances nées de l'ignorance, perpétuées par des traditions, et que semblent prouver d'étranges coïncidences.

Dans d'autres pays, diverses sortes d'incantations, l'embrasement de buissons, des sacrifices de petits animaux, des ablutions dans des eaux mystérieuses, des tortures infligées à certaines parties du corps, le port d'amulettes ou de talismans particuliers ou l'ingestion de potions spéciales, sont considérées comme des protections sûres contre les puissances maléfiques de toutes sortes. Et même dans nos pays modernes, nous avons conservé des croyances superstitieuses qui sont tout aussi extraordinaires, tout aussi fantastiques et tout aussi inexcusables et malsaines que celles évoquées précédemment. Au nombre de celles-ci, figure celle qui attribue à certains individus le pouvoir et la capacité d'utiliser certaines formules magiques, permettant aux mauvaises pensées, aux idées et aux désirs de nature destructive qu'ils entretiennent mentalement, de se projeter. Cette projection et cette propagation s'effectuent de manière invisible et intangible vers le mental et le corps d'un autre individu, à n'importe quelle distance, en tout lieu ou en toute circonstance, et s'y enracinent en installant le processus destructif et malfaisant mis en oeuvre consciemment par ces individus.

Selon cette croyance superstitieuse, encore très répandue, l'individu malfaisant, quels que soient son type, son envergure, sa haute ou basse position sociale, son degré de prouesses physiques et mentales, a le pouvoir, s'il a le coeur méchant et possède certaines formules secrètes, de projeter délibérément de son mental, par malveillance et en toute connaissance de cause, vers le mental, le cerveau ou le coeur d'un autre être, un flux ou un rayon de force-pensée qui opèrera la destruction des cellules tissulaires et osseuses du corps et provoquera des maladies ou la mort instantanée chez la personne visée. La victime sera la proie d'idées obsédantes se transformant en hallucinations qui la briseront et détruiront l'intégrité de son cerveau, la laissant atteinte d'une maladie mentale incurable. Il est presque incroyable, mais c'est néanmoins un fait, qu'au cours du vingtième siècle, comme au dix-neuvième et aux siècles précédents, l'on a écrit et publié plus de textes d'horreurs sur la magie noire, tant dans des ouvrages, des revues, des traités que dans diverses publications, qu'il n'en parut jamais dans tous les siècles des temps dits obscurs.

Il est également incroyable que récemment, certaines organisations dites occultes aient pu présenter dans des émissions de radio[2] en Amérique, des pièces basées sur la pratique de cette magie noire, en les parant de toute l'atmosphère, la dignité et l'intégrité

[2] Cette remarque s'applique également à la télévision qui n'existait pas à l'époque où ce livre a été écrit.

apparentes de la vérité et de la logique du possible. Mais pour le mystique et l'étudiant de la loi et de l'ordre cosmiques, croire à ce processus de pouvoir destructeur contrôlé par n'importe quel individu est incohérent, impossible et vraiment sacrilège ; le mystique véritable qui étudie la loi cosmique est seul capable de porter un tel jugement en un tel cas. Sa connaissance et son expérience des divins principes du Cosmique lui permettent de se rendre compte et de comprendre parfaitement qu'aucun processus semblable de transmission d'énergie ou de puissance destructive, sous n'importe quelle forme de pensée, entre un individu et un autre ou entre un individu et un groupe d'individus, ne serait possible sans l'approbation, l'aide et l'assistance sûres et lucides de la Conscience Universelle. L'Esprit Divin qui pénètre tout l'espace et agit comme moyen de transmission des ondes de pensée, des ondes d'énergie ou des ondes de toutes sortes s'y opposerait. Par conséquent, croire que cette Divine Conscience Universelle et Cosmique créée par Dieu, introduite dans l'univers par le Créateur de tout ce qui est bon, dans le but d'unifier tous Ses principes harmonieux et constructifs, pourrait se prêter à un processus de destruction totalement contraire aux forces créatrices et constructives de l'univers, en complète inharmonie avec la nature miséricordieuse et aimante de cette Conscience, est un sacrilège autant qu'une superstition absurde et inepte.

Dans le monde des radiations éthérées et invisibles des concepts mentaux, seul ce qui est constructif et vraiment en concordance harmonieuse avec la nature de Dieu et de Sa Conscience peut se transmettre à travers l'espace, d'une conscience humaine à l'autre, de la Conscience Divine à la conscience humaine, ou de la conscience d'une cellule vivante à une autre cellule vivante. Tout rayonnement de pensée destructif, discordant, inharmonieux, qu'un individu essaie de projeter de son mental et de sa conscience vers quelqu'un d'autre, subit un rejet instantané et se dissout immédiatement. Sa puissance est neutralisée par les forces et les pouvoirs constructifs de la Conscience Divine, et les mauvaises pensées sont puissamment renvoyées dans la conscience mentale de l'émetteur ; la réaction se produisant sur l'individu malintentionné et non sur la victime visée. Le mystique qui étudie les lois divines du Cosmique sait que Dieu, dès le début de Son plan de création, a prévu que l'homme serait protégé mentalement de la domination et du contrôle de tout autre intellect que le sien. Tout l'univers de Dieu est édifié sur le principe de forces créatrices dont la seule puissance se trouve dans les vibrations de la conscience. La conscience même du mental et du corps humain, en chaque organe et cellule, fait partie de la Conscience de Dieu, Père de toutes les choses vivantes.

Aucun résultat de la croyance dans les pratiques de la magie noire n'a jamais été prouvé ou démontré. Pourquoi, dans ce cas, des êtres humains, isolément ou en groupe, chercheraient-ils à instaurer et promouvoir cette croyance à la magie noire ou s'efforceraient-ils de pousser d'autres êtres à croire en une telle opération diabolique ? La réponse se trouve dans le fait que la diffusion et la propagation d'une telle idée, accompagnées de démonstrations imaginaires, feront jaillir dans le propre mental et la conscience objective terrestre de personnes peu réfléchies, la peur terrible d'un pouvoir inconnu, faisant ainsi d'elles les victimes de leurs propres craintes, des propres formes destructives de pensées qu'elles-mêmes auront créées. Celui qui a peur de la magie noire et croit sincèrement à son existence, et à sa puissance, arrive, par sa propre auto-suggestion mentale, à subir non seulement la peur, mais à devenir la proie facile des maux que son mental invente. Alors que la Conscience Cosmique éthérée qui unit et relie entre eux tous les humains, emplissant tout l'espace entre les âmes et les corps des créatures de Dieu sur la

Terre, refusera de véhiculer et de transmettre les pensées négatives entretenues mentalement par celui qui voudrait les utiliser pour nuire à autrui. C'est en notre corps même que nos propres systèmes sensoriel, nerveux, mortel et terrestre, notre propre conscience objective, feront passer de notre mental à tout notre organisme ces pensées destructives, inharmonieuses et empoisonnées que nous aurons nous-mêmes créées mentalement, sous l'effet de la peur et de la croyance superstitieuse.

Ainsi, nous pouvons individuellement devenir les victimes de nos propres pensées empoisonnées ; mais il nous est impossible de devenir la proie des pensées empoisonnées des autres. Ce que nous pouvons concevoir en notre propre mental, par peur et fausse croyance, en lui permettant de devenir pour nous une loi, un ordre, constitue donc une forme d'empoisonnement mental. Nous sommes tous plus ou moins victimes de cet auto-empoisonnement, du début jusqu'à la fin de notre vie terrestre, à moins d'avoir appris comment nous protéger contre le plan satanique d'une mauvaise façon de penser. Mais cette forme d'empoisonnement mental n'est pas la seule à causer, à créer, à induire et à manifester à l'époque actuelle l'horrible et inutile souffrance qui fait des millions de victimes chez les humains, heure après heure et jour après jour. C'est de la seconde forme d'empoisonnement mental dont nous traiterons dans les chapitres suivants.

Chapitre III

La psychologie des réactions mentales

Ces dernières années, différents spécialistes ont étudié et analysé les réactions à certains stimuli nerveux et mentaux. Dans le domaine de la psychiatrie et dans celui de la neurologie, les réactions courantes, rares, normales et anormales aux stimuli de diverses catégories, tant physiques que mentaux ou nerveux, permirent aux spécialistes de diagnostiquer et de classer correctement l'état physique et mental de personnes qui souffraient d'affections chroniques d'origine inconnue ou de troubles mystérieux résultant de causes cachées.

Les études analytiques menées pendant de nombreuses années et consignées dans des rapports minutieux, qui furent réunis en un répertoire des faits observés, révèlent des formes particulières de réactions qui, par leur manifestation prolongée dans la majeure partie des cas, autorisèrent les spécialistes à les qualifier de réactions typiques, normales ou naturelles, tandis que toutes les autres furent classées comme anormales, au-dessous de la normale, extraordinaires ou uniques. Les spécialistes inclurent dans leur programme d'observation les actions et réactions de petits animaux, tels les animaux domestiques familiers ; nous avons pu ainsi découvrir les raisons psychologiques et physiologiques pour lesquelles le petit chien qu'on lance dans un lac se met à nager correctement, alors que c'est son premier contact avec l'eau. On a expliqué le mystère de son aptitude à savoir quoi faire dans ce cas, sans avoir appris auparavant et sans jamais avoir été dans l'eau précédemment, par une réaction aux stimuli inhabituels ou anormaux de son système nerveux au soudain contact de l'eau froide. Ce sont de semblables réactions à des stimuli inhabituels qui poussent l'oisillon à déployer ses ailes pour essayer de voler, lorsqu'il se lance dans le vide ou au bord du nid pour la première fois. Et peu à peu, nous avons compris pourquoi les enfants crient de frayeur en voyant quelque horrible image ou pourquoi ils courent si naturellement vers l'un de leurs parents face à un danger apparent.

La lecture attentive d'ouvrages traitant de ce sujet nous amène à penser qu'en tant qu'êtres humains possédant la même sorte de conscience dans toutes nos cellules, nous devrions tous vivre, penser et raisonner entièrement en fonction des réactions automatiques qui se déclenchent dans notre système physique, psychique, nerveux ou mental. La recherche de nourriture lorsqu'on a faim n'est qu'une réaction ; le désir de boire quand l'état d'humidité du corps provoque un stimulus du système nerveux n'est, en réalité, qu'une autre réaction. Le plaisir que nous retirons de la musique, d'une promenade en pleine campagne, de la dégustation de quelques mets délicieux ou d'un parfum agréable que nous sentons, sont d'autres formes de réactions résultant de certains stimuli spécifiques.

Tout ceci nous a permis de comprendre certains actes fondamentaux, auparavant considérés comme des instincts naturels primitifs. Mais la psychologie nous a éclairés sur le fait que certains d'entre eux, comme le réflexe automatique d'auto-protection et d'auto-défense de notre propre bien-être, n'étaient pas des instincts purement subconscients, gravés dans notre conscience actuelle depuis l'époque de notre existence primitive. La nouvelle école de l'hypothèse réactionnelle a affirmé que tout ce qui nous mettait momentanément en danger agissait comme un stimulus sur le système nerveux ou mental, ce qui engendrait à son tour une réaction automatique se manifestant sous forme de réflexe d'autoprotection ou d'auto-conservation.

Nous avons toujours pensé que l'auto-conservation était la première loi de l'existence consciente et que toute créature vivante consciente, de la plus infime cellule jusqu'au groupe le plus complexe comme le corps humain, devrait exprimer cet instinct face au danger, sans avoir à subir de stimulus spécial pour le faire naître. Mais la psychologie des réactions mentales, distincte de l'étude des réactions physiologiques, nous apprend que certains autres instincts normaux ou naturels, communs à tous les êtres humains, provenant ou non d'époques primitives, peuvent cependant être l'effet nouveau de notre forme supérieure actuelle d'existence évoluée. En d'autres termes, un tel instinct universel chez les êtres évolués peut résulter directement de l'évolution de la conscience humaine. Il peut être le fruit de nos progrès et de nos développements actuels et non de notre vie primitive.

L'un de ces instincts presque universel consiste à refuser d'accepter d'obéir aux ordres de quelqu'un d'autre sans une analyse méthodique et sans l'acceptation de l'intention et du but du commandement reçu. Nous n'avons pas à nous plonger à fond dans la psychologie clinique, ni à passer des mois ou des années à analyser la conduite de bambins du jardin d'enfants en suivant leur progression tout au long de leurs années de scolarité, pour observer que le mental humain répugne à accepter les ordres d'autres que lui-même. La réaction normale et naturelle à tout commandement extérieur se manifeste très souvent par l'exclamation immédiate : *«Pourquoi ?»*. Si deux hommes marchent dans la rue en sens inverse, et si le premier dit au second en s'approchant : *«Débarrassez le trottoir et laissez-moi passer !»*, le second réagira de façon normale et naturelle en se redressant de toute sa hauteur avec un regard furieux et manifestera cet instinct normal de refus d'obéir en demandant : *«Pourquoi ?»* Je me suis servi d'un exemple peu courant pour mieux illustrer mon point de vue ; il est fort vraisemblable que si un incident comme celui-ci se produisait dans certains milieux et chez certains types d'individus, la réaction serait plus vive qu'une simple demande d'explication. Néanmoins, bien que ce soit là un cas d'agression et de grossièreté, il illustre fort bien le principe impliqué.

La psychologie nous enseigne que la seule façon de réussir à forcer le mental d'une autre personne à obéir à un désir de notre propre mental est de lui présenter cet ordre ou ce désir de manière si subtile que le sien l'acceptera inconsciemment ou spontanément et l'exécutera en toute coopération, avec approbation, avant même d'avoir eu le temps de l'analyser et de s'en irriter. Mais l'instinct de refus face à un ordre direct est toujours prompt à se manifester et cette irritation naturelle, normale, doit être évitée si nous voulons que d'autres obéissent à nos ordres. C'est sans doute pourquoi nous avons progressivement développé certaines formules de politesse pour exprimer nos désirs ; mais même ainsi, un ordre direct formulé dans un langage très poli n'arriverait pas à empêcher le refus naturel de se manifester par une hésitation à obéir. Si l'homme avait dit à l'autre : *«Veuillez avoir l'amabilité, mon cher et respectable monsieur, d'aventurer vos pas hors du trottoir pour me laisser ample place afin de poursuivre mon chemin !»*, il est douteux que l'autre aurait cédé la place avec plus de complaisance qu'au premier ordre reçu. Ses réactions auraient probablement été différentes ou il aurait analysé pendant quelques instants les formules inhabituelles de cette requête particulièrement polie ; il en aurait conclu que son auteur était un déséquilibré mental ou un homme affligé d'un complexe de supériorité. Dans l'un ou l'autre cas, sa réflexion et son analyse immédiate de la question aboutissaient à la même réaction de ressentiment et de refus de bouger en l'absence des plus amples informations.

Mais le fait reste, comme loi psychologique, dès que l'être humain moyen est assez âgé pour sentir qu'il est une entité vivante possédant certains droits et privilèges bien à lui, il s'irrite presque automatiquement et avec obstination de tout ordre reçu d'autrui qui paraît ôter, abolir ou modifier ses droits et privilèges établis. Même lorsque ces droits et privilèges sont de fausses idées, simplement supposées et ne reposant sur rien d'autre qu'une croyance personnelle, ou même lorsque ces droits et privilèges ne sont aucunement les siens mais qu'il se les ait appropriés selon son imagination du moment, tout en les sachant faux et injustifiés, celui qui reçoit de tels ordres s'irritera des prérogatives dont témoigne l'autre personne en les lui donnant.

Si un homme s'écarte des allées d'un parc municipal pour aller fouler la pelouse bien entretenue, alors que juste devant lui une pancarte lui rappelle *«pelouse interdite»* et si quelqu'un s'approche et lui ordonne de quitter la pelouse, il se sentira irrité par cet ordre venu d'un étranger, même s'il sait que celui-ci ne lèse pas ses propres intérêts, ayant bien conscience de ne pas avoir le droit de piétiner le gazon de la pelouse. D'autre part, si un officier de police ou quelqu'un portant le costume officiel de gardien de parc ou encore quelque haute autorité de la municipalité de la ville, par exemple, s'approche de lui pour lui donner le même ordre, notre homme peut obéir sur le champ, mais non sans éprouver le ressentiment naturel qui surgit spontanément dans sa conscience. Reconnaître une autorité supérieure n'enlève pas à l'ordre son mordant et n'apaise pas non plus l'irritation qu'il provoque dans la conscience. On se sent simplement tenu de s'y soumettre immédiatement, en raison de l'autre instinct naturel d'auto-défense.

Nous pouvons donc comprendre pourquoi les petits enfants, quand on leur dit de faire ou de ne pas faire certaines choses, réagissent vivement en répliquant par la question ancestrale : *«Pourquoi ?»* L'enfant peut ne pas être conscient que l'un des principes de base de sa liberté d'action est mis en péril par l'ordre qu'il reçoit, mais il sent effectivement que cet ordre remet en question la conclusion à laquelle il arrive ou le désir qu'il veut exprimer, ou encore l'instinct qu'il éprouve et souhaite manifester le plus pleinement possible.

Les psychologues qui ont appliqué leur connaissance des lois mentales à des problèmes comme celui de la publicité et de la vente ont appris à l'homme d'affaires habile toutes les subtiles leçons psychologiques dont il a finalement besoin. L'homme d'affaires a appris, en matière de publicité et de vente, qu'on ne peut commander à d'éventuels clients d'acheter quelque chose sans s'attendre d'abord à l'inévitable question : *«Pourquoi ?»* Quelles que soient les qualités d'un piano de grande marque, on ne peut espérer qu'un vendeur ou un publiciste réussisse à confirmer les mérites d'un tel instrument en publiant dans des journaux, des revues ou des imprimés, l'ordre impératif d'acheter l'un de ces pianos. Si la qualité supérieure de l'instrument a déjà été confirmée publiquement, répondant au préalable à la question du *«pourquoi»*, le publiciste et le vendeur peuvent être tentés de se reposer sur cette connaissance bien établie et avoir le sentiment de pouvoir s'abstenir de fournir toute autre explication sur la raison possible du futur achat du piano. Mais c'est manquer de psychologie que de croire qu'une personne comprendra très bien les mérites de toute offre commerciale au point d'espérer que sans autre examen elle obéira à un ordre d'achat.

Un produit très connu, vendu dans tous les Etats-Unis pendant des années, fit un jour l'objet d'une publicité sur panneaux d'affichage, dans des journaux et des magazines, sous la seule et unique affirmation suivante : *«Finalement vous l'achèterez ! Pourquoi pas maintenant ?»* Cette nouvelle formule publicitaire devait, selon toute attente, accroître énormément la vente de ce bon produit. Mais lorsque cette publicité parut dans de nouveaux secteurs qui n'avaient pas eu connaissance au préalable de ce produit, les ventes espérées ne se concrétisèrent pas, car l'on découvrit que des milliers d'utilisateurs potentiels avaient réagi à l'affirmation péremptoire en se demandant, de façon subconsciente évidemment : *«Ah ! Oui ? Pourquoi ?»* Qu'y avait-il dans ce produit qui aurait pu pousser inévitablement quelqu'un à l'acheter et pourquoi aurait-il dû l'acheter tout de suite ? Ces deux questions restant sans réponses, le mental eut le sentiment d'un ordre qui l'irrita, et presque par défi, décida de ne pas acheter le produit. Cette décision mentale, née d'une irritation naturelle à un ordre reçu, devint un facteur psychologique plus puissant que l'attrait commercial nouveau et fut très difficile à vaincre, si ce n'est au bout de nombreuses années de publicité différente.

C'est ainsi que l'espèce humaine, surtout dans les pays avancés, a prouvé qu'elle se laissait aisément influencer par ses instincts normaux et naturels et par les processus psychologiques de ses réaction mentales. Ceux qui réussissent le mieux, parmi les hommes d'affaires, les publicistes, les psychologues, les médecins, les chirurgiens, les instructeurs, les enseignants, les hommes de loi et les personnes de nombreuses autres professions, ont découvert que la manière la plus facile, la plus efficace et la plus sûre de produire une réaction désirée ou de faire suivre à des individus ou à un groupe, un comportement déterminé, consiste à le *«suggérer»*, plutôt qu'à *«l'ordonner»*. Et dans le domaine professionnel, en particulier celui de la vente et de la publicité, qui touche pratiquement aujourd'hui presque toutes les professions, une nouvelle école de psychologie a surgi, consacrée à l'étude minutieuse des réactions humaines et à la préparation subtile de suggestions puissantes, qui sont accompagnées de toute la force d'un ordre souverain tout en présentant l'agrément d'une douce suggestion.

Et cette école de psychologie appliquée, aux formules uniques, a découvert certains principes vraiment fondamentaux. Elle a constaté qu'il existe plusieurs manières de donner ou de transmettre des ordres ou suggestions très puissants d'un mental à l'autre, et qu'il y a diverses manières de faire aisément accepter et suivre presque inconsciemment au mental d'autrui des suggestions ou des ordres réels tout aussi puissants, comme le constatent les faits.

Grâce aux longs rapports des experts de cette nouvelle école de psychologie appliquée, nous comprenons que notre vie de tous les jours, nos affaires quotidiennes, nos actions et réactions personnelles, intimes, privées et publiques, sont à chaque instant, et sans doute tous les jours, influencées par les ordres insoupçonnés, par les subtiles et puissantes suggestions de groupes de spécialistes hautement qualifiés, qui travaillent dans tous les domaines de l'activité humaine dans le seul but d'arriver à faire agir la plupart d'entre nous selon leurs désirs. Ils nous démontrent que ce que nous mangeons pendant notre déjeuner nous a été délicatement suggéré, mais néanmoins ordonné. Ils nous indiquent que les vêtements que nous portons, et en particulier les nouveautés, ne sont pas achetés sous l'impulsion d'un désir né dans notre propre conscience, mais par suite d'une réaction à un ordre induit avec subtilité dans notre mental et suivi de notre propre gré. Ils nous montrent que le style des maisons que nous construisons, les professions que choisissent nos enfants, les spectacles que nous voyons, les livres que nous achetons, la forme de médecine que nous adoptons, les termes que nous employons pour qualifier nos maux physiques, et le type d'opération que nous demandons dans les hôpitaux et, finalement, la forme et le mode de service funéraire que nous choisissons, résultent de désirs que d'autres ont créés comme par magie dans notre subconscient, sans que nous nous en doutions le moins du monde. En lisant ces rapports, on finit par se demander si quelqu'un a jamais eu une idée originale bien à lui ou un désir conçu et né dans sa seule conscience, sans que la paternité en revienne à quelque violeur du mental.

Mais en analysant leurs méthodes d'élaboration d'ordres subtils et efficaces, on voit qu'il existe trois façons permettant aux ordres ou aux idées de se transmettre d'un mental à l'autre, si l'on veut que ce dernier les accepte presque inconsciemment et les reçoive comme une loi ou une force qui, instantanément, met en mouvement ses réactions incontrôlables. La première de ces méthodes de transmission d'idées aussi irrésistibles, consiste à utiliser des phrases aux mots adroits, n'éveillant aucun soupçon et enrobées de douceurs des plus agréables. La seconde consiste à présenter la même idée, la même pensée, avec toute sa puissance, sous forme de suggestion muette, généralement accompagnée de gestes ou de silence quand on s'attend à ce que des paroles soient prononcées. La troisième est une combinaison des deux premières, mais présentées sous une forme imagée, par un dessin, une peinture, un film, une photographie, un diagramme, ou encore par une liste de chiffres ou d'autres symboles visuels.

En fait, la psychologie du processus semble être celle-ci : si l'on peut présenter une idée puissante à quelqu'un sans lui laisser soupçonner un instant que l'on souhaite impatiemment la lui faire adopter, il l'acceptera, l'adoptera et la suivra avec plus d'empressement que s'il lui vient le soupçon que vous essayez d'implanter l'une de vos propres idées dans sa conscience. Un autre point très subtil lié à ce processus psychologique est que vous pouvez, en présentant votre ordre bien déguisé ou votre suggestion soigneusement formulée et exprimée, l'enrober, l'enjoliver et l'habiller de telle sorte que le mental d'une autre personne pourra l'entendre, la saisir ou la voir sans en comprendre immédiatement la nature réelle. En pouvant la développer pleinement elle-même un peu plus tard en une idée vivante et débordante de vitalité, cette personne pensera ou croira alors que c'est elle qui a conçu l'idée, que celle-ci résulte de sa propre déduction logique, de son propre raisonnement, et (vanité des vanités) que puisque c'est son idée, qu'elle l'a personnellement conçue et développée, cette idée doit être vraie et mérite donc d'être immédiatement acceptée et adoptée, dans le plus grand enthousiasme.

En résumé de toutes les considérations précédentes sur les moyens principaux et secondaires de la psychologie moderne, nous constatons qu'elle repose simplement sur le principe suivant : si un individu, M. A, souhaite qu'un autre individu, M. ou Mme B, accomplisse, croie, sente certaines choses et agisse en fonction de certaines idées déterminées, il doit, plutôt que d'ordonner à M. ou Mme B de faire ces choses ou même de les lui suggérer poliment, lui présenter l'idée de façon déguisée, peut-être à l'aide d'une allégorie, d'une parabole, d'une analogie, d'une citation de texte qu'il a lue ou entendue quelque part, ou par référence indirecte à un fait divers ou à une scène remarquable d'un film ou d'une émission dernièrement sortis. Il laisse ensuite tomber la question, sans montrer qu'il s'y intéressait outre mesure, si ce n'est par hasard. S'il s'est servi de la bonne méthode psychologique en présentant l'idée à

M. ou Mme B, nous verrons qu'un peu plus tard, après s'être quittés ou n'étant plus en contact, M. ou Mme B commencera à se rappeler quelques unes des pensées incomplètes que lui a communiquées M. A et à les analyser. En essayant sans doute de résoudre le mystère du chaînon manquant dans le récit ou en tentant de trouver une application aux circonstances présentes de l'analogie entendue, M. B arrivera peu à peu à développer en sa propre conscience la même idée que celle présentée par M. A, mais beaucoup plus étendue.

Finalement, après un laps de temps variable, M. ou Mme B découvrira avec beaucoup d'intérêt un point précis ou une partie de l'idée présentée, que son propre mental a développée de façon plus complète, intérêt qui pourra être stimulé par quelque nouvel incident, venant juste de se produire dans ses propres affaires, sa propre vie ou sa propre personne. M. ou Mme B est alors immédiatement fasciné(e) par l'idée, par l'analogie et la découverte de ses rapports et parvient à son sujet à une conclusion, à une décision, voyant en elle une vérité essentielle. Celle-ci lui plaît et l'amène à réfléchir davantage à la question, et enfin à conclure qu'il ou elle vient de faire une découverte ou de développer une idée sans doute précieuse et pleine de sens pour lui-même, sinon son mental ne s'en serait pas tant préoccupé.

Telle est l'apogée atteinte par le puissant processus lancé par M. A, car désormais le commandement, l'idée, n'est plus tel qu'il l'avait présenté. Ce n'est plus une conception du mental de A transmise à B, c'est maintenant l'ordre magnifique et impératif du propre mental de B ; et naturellement, nous n'éprouvons ni rejet ni ressentiment quand une idée vient de nous, quand nous l'avons développée fort honorablement et avec beaucoup d'habileté par notre propre analyse, notre propre raisonnement. Ainsi, dès cet instant, le commandement de A devient l'impératif de B, et B est sous son emprise et sous son influence, victime inconsciente et consentante, en bien ou en mal. Voici donc une partie du processus des réactions subliminales.

Chapitre IV

Les étranges processus du mental humain

Aucune personne sensée et réfléchie, ne pourrait maintenant contester le fait que le mental humain possède un contrôle sur la matière qui compose le corps ou sur les différents processus physiologiques en action dans l'organisme. Il n'est pas non plus nécessaire d'être disciple ou adepte des enseignements métaphysiques, mystiques, spirituels ou religieux d'une organisation mystique ou d'une religion, pour se rappeler d'incidents qui prouvent que le mental peut être effectivement à l'origine d'un grand nombre d'état mentaux particuliers et mystérieux.

Par l'étude clinique des processus psychologiques autrefois qualifiés *«d'hypnose»*, il a été prouvé qu'une personne induite à un état de sommeil par hypnose ou sous l'effet d'un hypnotique chimique et confiante en l'intégrité et en la sagesse de celui qui dirige l'induction au sommeil, peut arriver à croire, par la persuasion, qu'un stylo ou un crayon froid est une tige de fer brûlant ou porté au rouge. En tenant devant elle cet instrument froid, qu'elle voit apparemment comme un instrument de torture, on arrive à lui faire croire aisément que si ce morceau de métal chauffé au rouge est mis au contact de son bras une fraction de seconde, elle souffrira d'une cuisante douleur et aura plus tard la preuve d'une brûlure au bras par la formation d'une cloque pleine de sérosité. En fait, à chaque essai ainsi tenté au cours d'un véritable état d'induction ou d'hypnose où on le sensibilise à croire ce qu'on lui dit, le patient placé sous observation clinique ou scientifique a montré qu'il endurait toutes les douleurs mentales et physiologiques d'une brûlure, qui ont même pu être enregistrées par électrocardiographes ou par d'autres appareils d'enregistrement très sensibles.

Peu après que le patient soit revenu à l'état normal de veille, et bien que n'ayant pas eu conscience de ce qui s'est passé, apparaît sur son bras, de manière très normale et naturelle, une cloque de sérosité, ayant la forme et la taille du métal prétendu chauffé au rouge avec lequel on lui a touché le bras. On pourra percer cette phlyctène et en extraire la sérosité de la manière habituelle, sans que pour l'observation ou le patient il y ait eu le moindre indice que la cloque parfaitement évidente n'est pas la conséquence d'une véritable brûlure physique, par suite d'un contact avec un vrai morceau de métal chauffé au rouge. Cette démonstration de laboratoire, pratiquée des milliers de fois en psychologie clinique dans les hôpitaux d'Europe et d'Amérique et à laquelle l'auteur a lui-même assisté des centaines de fois, constitue un excellent exemple de la façon dont une idée mentale dont les effets n'ont aucune base réelle ni physique peut créer sur le corps humain une réaction vraiment physiologique. Autrement dit, cette démonstration prouve qu'une idée ou une pensée peut se traduire et se transformer en quelque fait qui n'est pas simplement mental, mais aussi réel que toute réalité ayant jamais pu affecter le corps humain.

Des centaines d'autres expériences semblables, pratiquées sur des enfants et des adultes de tous âges et des deux sexes, prouvent que si le mental humain accepte une idée sans la remettre en question, sans en douter, elle est non seulement acceptée, mais devient une loi, un ordre ou un principe, qui accomplira logiquement son objectif ou sa mission, sans être autrement étayé par la réalité ou par les processus de la pensée.

Pour faciliter la compréhension de ce phénomène, rappelons qu'en fait, si l'on nous touche le bras avec une tige en fer rougie ou un morceau de métal chauffé au rouge, nous n'avons pas à créer mentalement l'idée que nous serons brûlés, que de pénibles impulsions nerveuses remonteront notre bras jusqu'à notre cerveau, qui nous fera percevoir une terrible douleur, au point non seulement de l'éprouver mais aussi de réagir à la brûlure par des contractions musculaires du bras et le réflexe de l'écarter du fer rougi. Nous n'avons pas à réfléchir pour retirer le bras du fer chauffé au rouge, car cet ordre est né dans la conscience, par suite de la douleur et de la souffrance automatiques provoquées par la brûlure des tissus. Et après que le fer ait cessé d'être en contact avec le bras ou plutôt lorsque le bras s'est carté du contact du fer, nous n'avons pas à donner l'ordre mental aux tissus du corps de fabriquer une cloque ayant la forme de la brûlure, ni à réfléchir au processus déclenché par une brûlure, comme la formation de la cloque, etc. Tous ces processus : brûlure des tissus, terrible douleur, contraction de la peau et des muscles, réflexe de retrait du bras et formation d'une cloque, surviennent automatiquement et en bon ordre, par étapes logiques successives, après que nous ayons vu le fer brûlant ou senti son contact sur notre bras.

On ne peut dire, par conséquent, que la douleur aigüe et cuisante, la crispation convulsive de la chair, les contractions des muscles, le réflexe de recul du bras et la formation de la cloque, soient des idées individuelles et distinctes que le mental a créées et manifestées dans le corps. Chaque étape distincte de l'ensemble du processus arrive l'une à la suite de l'autre, de façon automatique, en suivant le cours normal des lois naturelles. Le fait est que si l'on brûlait successivement le bras de cent individus avec le même morceau de métal chauffé au rouge, de la même manière et pendant une fraction de temps égale pour tous, nous pourrions constater sur chacun les mêmes lésions des tissus provoquées par la brûlure et les mêmes formations de cloques remplies de sérosité, ce qui montre que la nature opère de façon très uniforme par ces processus naturels.

Par conséquent, la seule différence entre une brûlure du bras à l'aide d'un stylo, entraînant une cloque de sérosité, et une brûlure du bras à l'aide d'un véritable morceau de métal, entraînant la même cloque de sérosité, réside dans une différence de conception mentale. Dans le premier cas, le mental de l'individu a simplement accepté la réalité et la vérité de l'existence du métal brûlant au contact de sa chair, par sa confiance en celui qui a créé cette idée en lui, laissant ensuite la nature opérer ses processus de la manière appropriée ; tandis que dans l'autre cas, le mental a accepté la réalité de l'existence matérielle du fer chauffé au rouge au contact de sa chair, non par sa confiance en l'intégrité de l'autre, mais par sa propre observation passée des effets d'un fer chauffé au rouge ; ayant accepté comme vraie l'idée de brûlure, ses processus naturels se sont donc automatiquement déclenchés.

Nous voyons ainsi que, dans les deux cas, la réalité de l'existence du fer chauffé au rouge a été acceptée d'après l'observation. L'on admet généralement que : *«Voir c'est croire !»* et que si l'on voit une chose, c'est la meilleure preuve de sa nature, de sa qualité et de son pouvoir de réalisation. Dans le premier cas, le patient en laboratoire voit le fer brûlant par les yeux psychiques ou psychologiques de son mental, lui-même sous le contrôle mental de l'hypnotiseur. En d'autres termes, tout ce que celui-ci voit dans son propre mental et veut que l'hypnotisé voit dans le sien, ce dernier le voit effectivement, sans aucun doute ni hésitation, sans nullement soupçonner qu'on le trompe. Par conséquent, pour ce qui est des processus psychologiques, le patient sous état d'hypnose ou de sommeil induit *«voit»* vraiment le fer chauffé au rouge que l'opérateur lui dit tenir devant lui.

Il peut être intéressant pour les étudiants en psychologie, et éventuellement utile pour ceux qui nient certaines déclarations contenues dans ce livre, de savoir que divers tests ont prouvé qu'un patient sous état d'hypnose ou de sommeil induit n'a pas les yeux fermés comme dans le sommeil normal, mais ouverts à la réception physiologique et à la transmission des ondes lumineuses ou optiques, comme à l'état normal. Mais l'interprétation de ces impressions est chez lui influencée par son acceptation des déclarations de l'hypnotiseur. Autrement dit, quand celui-ci tient devant le patient mis sous état d'hypnose un stylo ordinaire en bakélite, en plastique ou en métal argenté, en lui déclarant que c'est un morceau de fer chauffé au rouge et en lui suggérant qu'il peut en remarquer l'éclat rougeoyant, la légère fumée et les radiations de chaleur s'en dégageant, le patient peut sentir ce rayonnement de chaleur près de son visage en s'en approchant. Le sujet voit donc réellement de manière psychologique, un changement de la bakélite ou du métal argenté qu'il avait vu quelques tants auparavant, ou une modification de toute impression que le stylo a produite au préalable sur son mental.

L'impression laissée sur la rétine de l'oeil du sujet ne subit aucun changement. Il se projette réellement une image physiologique parfaite, selon toutes les lois de la physique, de l'anodin stylo froid sur la rétine de l'oeil. Mais à l'état normal de veille, comme à l'état psychique ou hypnotique, le processus de notre *«vision»* ne s'arrête pas à la rétine de l'oeil, où, en réalité, il ne fait que commencer ; car les stimulations nerveuses que crée l'image sur la rétine sont transmises à la zone psychique ou mentale et psychologique du cerveau et de la conscience, où la *«vision»* devient davantage que de simples impulsions nerveuses. Toute lésion ou tout état physique anormal qui perturberait le fonctionnement psychologique normal de cette zone du cerveau et de la conscience, peut provoquer, et c'est ce qui se produit souvent, des interprétations et des traductions erronées de l'impression créée sur la rétine de l'oeil. Une personne qui n'est pas en sommeil hypnotique, en état de suggestibilité ou conditionnée par un psychologue, pourrait regarder un morceau de plastique noir ayant la forme et la taille d'un stylo et *«voir»* en lui un morceau de métal noir chauffé au rouge ou rayonnant de la chaleur.

Si une cause, autre que les suggestions de l'opérateur, avait amené l'individu à s'attendre à être brûlé par un morceau de métal chauffé au rouge, ou à voir dans la salle un morceau de métal semblable, ou à ce qu'on le lui apporte devant lui pour l'examiner, ou si depuis longtemps il croyait, pour l'avoir lu, qu'en certaines occasions, on marquait les gens au fer rouge certains jours de la semaine, quand on les découvrait dans certaines villes ou régions, sans emploi, sans abri et sans argent, cet individu pourrait réagir à ces impressions. S'il venait à se trouver dans un hôpital, dans les conditions particulières qui viennent d'être présentées, et était emmené dans une salle où l'on sortirait d'une boîte mystérieuse un stylo noir dont on ne verrait que le bout en le lui mettant sous les yeux et en lui demandant ce qu'il aperçoit, il pourrait déclarer en toute sincérité qu'il *«voit»* un fer rouge brûlant. Pareillement, un enfant de deux ans qui n'a jamais vu un stylo pourrait, en regardant celui qu'on lui montre soudain, déclarer que c'est un sucre d'orge, car bien qu'il voie en réalité la même chose que l'adulte, son mental est incapable d'interpréter correctement l'impression produite sur la rétine et dire ce que c'est exactement.

Cette manière d'accepter une idée, qui suit ensuite son processus naturel, est l'une des lois mystérieuses de notre cerveau humain et de notre conscience. Toute idée pouvant être acceptée par notre cerveau et notre conscience intérieure ou psychique, ou par nos processus subliminaux de raisonnement, devient pour nous une loi. Mais cette loi n'a pas à être mise en application par nos propres efforts conscients de réflexion, d'analyse ou de raisonment. Notre conscience intérieure ou psychique peut procéder à un tel raisonnement ou à une telle analyse, mais, dans ce cas, elle le fait si rapidement, si instantanément, que nous n'en avons pas conscience. Ceci fait partie des processus de la conscience subjective ou intérieure et non de la conscience objective ou extérieure que nous employons en d'autres formes de raisonnement et d'analyse.

Il est parfaitement évident que si l'on montrait à l'un de nous, à l'état de veille normal et naturel, un stylo noir ordinaire ou plus exactement le capuchon qui coiffe l'extrémité où se trouve la plume, en lui disant qu'il s'agit d'un fer chauffé au rouge, ses facultés cérébrales de raisonnement entreraient immédiatement en fonction et établiraient des analogies et des comparaisons pour déterminer si ce stylo est ou non un fer chauffé au rouge. Dans ce cas, le raisonnement du cerveau objectif et de la conscience extérieure dépendrait de la formation acquise par le cerveau dans le passé. Il est évident que si le cerveau de quelqu'un n'a jamais observé ni vu de stylo auparavant, ni vu de métal rougi au feu et pas davantage de tison, ce cerveau objectif ne disposerait d'aucun moyen lui permettant de déterminer, par comparaison ou analogie, si l'objet noir devant lui est ou non un morceau de métal chauffé au rouge.

S'il n'avait aucune connaissance de ce que l'on entend par : *«morceau de métal chauffé au rouge»*, il ne serait sans doute absolument pas troublé si on lui disait qu'on allait mettre un tel objet au contact de sa peau. Et même si on lui déclarait qu'il allait avoir la peau brûlée, alors qu'il n'avait jamais eu jusqu'ici la moindre brûlure, il ne montrerait aucune réaction à cette suggestion ou à cette idée. Il ne manifesterait aucun signe de douleur ou de crispation des muscles, comme dans le cas de l'individu placé en sommeil hypnotique. Il sentirait certainement le contact du stylo sur la peau, mais celui-ci pourrait avoir une chaleur si tempérée, que même cette impression serait très légère. Et s'il avait les yeux bandés, il serait sans doute incapable de dire exactement où le capuchon du stylo l'a touché. Mais si, d'autre part, l'objet était vraiment un morceau de métal chauffé au rouge, il importerait peu que l'individu n'ait jamais été brûlé auparavant ou qu'il n'ait jamais éprouvé de chaleur vive sur la peau, car le métal le brûlerait réellement et il passerait par toutes les crispations et les douleurs insupportables endurées par la personne placée en sommeil hypnotique dont le bras avait reçu le contact du stylo froid.

Nous voyons donc que nous interprétons une idée implantée dans notre mental à la suite d'une observation ou d'une suggestion formulée par des paroles, des gestes ou de toute autre manière, à la lumière de nos connaissances et de nos expériences passées. C'est ce qu'a remarquablement illustré le célèbre explorateur Livingstone qui, en voyage en Afrique, eut l'occasion de beaucoup divertir les populations locales en leur déclarant que leurs volumineux et pesants éléphants pourraient marcher à la surface de l'eau gelée, en Amérique du Nord ou en bien d'autres pays. Alors que même un sol africain bien tassé cédait sous les pas de ces pachydermes, les indigènes ne pouvaient concevoir qu'une créature pesant plusieurs tonnes marcherait à la surface de l'eau sans s'y enfoncer d'un pouce. Comme la constante allusion à l'eau gelée ne signifiait absolument rien pour ces populations qui n'avaient jamais vu de glace ni d'eau *«dure»*, selon leur interprétation du sens de ses paroles, ils ne purent tout simplement pas croire que l'eau puisse jamais durcir ou se solidifier au point de supporter des créatures aussi lourdes et n'acceptèrent pas sa déclaration. Les mots *«gelé»* et *«glace»* ne voulaient rien dire pour des gens qui n'avaient jamais vu ni fait l'expérience de ces phénomènes météorologiques.

C'est ainsi que nous constatons que l'une des autres lois étranges de notre mental et de notre conscience d'êtres humains se rapporte à notre interprétation personnelle des idées traduisant les choses que nous voyons, entendons, sentons, touchons ou goûtons. Nous savons qu'une chose est brûlante, simplement par référence à des choses plus froides ou très chaudes. Nous savons que le dur et le mou n'ont de sens pour nous que si nous avons acquis l'expérience des variations de la densité des différentes matières et des variations des notions de dur et de mou. Il n'est pas vrai que deux individus pourront regarder le même objet en *«voyant»* précisément la même chose. Même s'il n'y avait aucune variation des impressions physiques projetées sur la rétine de l'oeil par des ondes lumineuses ou optiques, il y aurait encore une différence d'interprétation de ces impressions, en raison des diverses compréhensions qui s'expliquent par des différences d'éducation, de formation, de raisonnement, etc.

Mais quand la conscience intérieure ou le mental accepte une idée et la traduit selon sa propre compréhension, sa propre éducation et ses expériences personnelles dans la vie, cette idée devient pour l'individu quelque chose de réel, de vivant, par sa nature et sa qualité, se conformant à l'interprétation que lui donne sa conscience individuelle. Dès cet instant, ce concept est une réalité positive, un fait réel, possédant tout le réalisme que permettent le mental et la conscience de l'individu. Il produira alors dans sa conscience toutes les actions et réactions qui, selon ce qu'il croit ou comprend, doivent nécessairement s'ensuivre.

Toutes les recherches et les études scientifiques sur les actions mentales et les réactions physiologiques du corps humain ont montré que les processus réguliers de la nature se poursuivent de façon logique jusqu'à leur bonne exécution, chaque fois que l'idée a été acceptée par le mental, sans s'inquiéter de savoir si derrière l'idée se trouve une réalité positive ou une simple illusion. En d'autres termes, si le mental a accepté l'idée que le stylo était un fer chauffé au rouge, cette idée est devenue une loi, non seulement pour la conscience de l'individu, mais pour tous ses processus physiologiques naturels ; car chaque fois qu'un fer chauffé au rouge brûlera les tissus d'un corps humain, il se créera un processus de brûlure, que l'instrument en cause ou l'idée mentale ait été une réalité objective ou une illusion.

Pour vous donner un autre exemple de ce merveilleux processus de la conscience dans le corps humain et du pouvoir du mental à diriger et à contrôler les processus physiologiques du corps ou de la matière dont il est composé, je vais vous parler de la longue série d'expériences réalisées avec de l'eau en divers laboratoires d'Amérique et d'autres pays. Après avoir placé différents individus sous hypnose, on prenait, à l'aide d'un thermomètre de deux minutes, la température buccale de chacun d'eux, que vérifiait ensuite soigneusement un certain nombre de témoins. Puis on tenait devant les yeux de chaque patient un verre vide, qu'on lui déclarait rempli d'eau fraîche et désaltérante. Au bout d'un moment de pause, destinée à permettre à son mental d'accepter cette idée, on lui disait de boire un peu d'eau pour se désaltérer. Le patient portait alors le verre d'eau à ses lèvres, penchait un peu la tête en arrière et commençait à avaler de l'eau. Un compte soigneux a montré qu'il buvait une gorgée à intervalles de deux secondes et demie à quatre secondes, et que tous les muscles de sa gorge agissaient exactement comme pour la déglutition d'un liquide ; on pouvait voir aussi sa gorge se dilater lorsque l'eau semblait des cendre, en un mouvement aussi authentique que lorsqu'on avale réellement de l'eau. (Si vous ne vous rendez pas compte du caractère unique d'un tel test, portez un verre vide à vos lèvres et essayez d'imiter une personne avalant de l'eau normalement ; vous constaterez qu'il est très difficile de faire agir les muscles de cette manière et qu'il se produit une longue pause entre chaque gorgée.)

Quand le sujet hypnotisé avait bu suffisamment à son gré, il rendait le verre à l'opérateur, se passait la langue sur les lèvres et, de toute autre façon, montrait et déclarait qu'il avait apprécié cette boisson fraîche. Pour prouver que cette appréciation et son expérience n'étaient pas totalement imaginaires et uniquement basées sur la déclaration de l'hypnotiseur, on replaçait immédiatement le thermomètre dans la bouche du sujet et on relevait sa température au bout de deux minutes, ce qui tendait à montrer que la température buccale avait baissé, parfois de vingt à vingt-cinq degrés Fahrenheit. Des tests furent effectués à d'autres moments, qui montrèrent et prouvèrent de façon concluante qu'une personne normalement éveillée, portant un verre vide à ses lèvres pour essayer de boire de l'eau imaginaire, n'aspirait pas dans la bouche suffisamment d'air froid pour abaisser la température buccale de plus de deux degrés Fahrenheit.

D'où venait donc la baisse de température ou l'effet de refroidissement des tissus du milieu buccal des personnes qui avaient bu l'eau d'un verre vide ? La seule réponse, qui concorde avec toutes les expériences effectuées dans les instituts de psychologie et de psychopathologie, y compris ceux de l'Ordre de la Rose-Croix A.M.O.R.C., est que lorsque l'individu acceptait l'idée qu'il tenait à la main un verre d'eau froide désaltérante et se mettait à la boire, l'idée de l'eau froide dans le verre n'était plus seulement une idée, mais une loi pour tous les processus naturels et toutes les autres lois contrôlant la matière et les tissus de son corps. Par conséquent, la loi née de ce concept mental se mettait à opérer et à suivre ses étapes et ses processus logiques. Les muscles poussaient l'eau imaginaire dans la gorge, avec le même mouvement de contraction rythmique et périodique que lorsque l'individu buvait vraiment de l'eau.

L'abaissement de la température de la bouche n'était qu'une autre étape logique du processus et non une pensée secondaire du patient ou de l'opérateur. Le degré de température était cependant influencé par l'interprétation que le patient se faisait d'un verre d'*«eau froide rafraîchissante»*. Si, pour lui, la seule boisson d'eau rafraîchissante tait de l'eau glacée, avec peut-être un peu de glace dans le verre, telle était la qualité de l'eau qu'il buvait à cette température, avec pour conséquence un abaissement de sa température buccale à un degré très bas. Si, en revanche, il n'aimait pas particulièrement l'eau glacée, mais la préférait simplement fraîche, comme elle sort de la majorité des robinets, telle était alors l'idée normale qu'il avait de la qualité de l'eau qu'il buvait, et tel était aussi le facteur déterminant du degré de température relevé dans sa bouche.

Nous sommes donc ici confrontés à l'une des plus étranges lois de Dieu et de l'Univers, mais il ne s'agit pas des lois qui maintiennent le cours des planètes, qui font tourner la Terre à un tel rythme et avec une telle régularité sur son axe, ou accomplir aux comètes leurs cycles à une heure et à une minute précises ; ces étranges lois ne sont pas non plus de celles qui gouvernent et contrôlent les rayons cosmiques et la persistance des caractéristiques héréditaires dans les processus complexes de la biologie humaine. Ce ne sont pas des lois se rapportant aux mystères insondables du lointain espace, mais des lois liées à notre Etre Intérieur, à notre propre corps, à notre vie personnelle, à notre existence même. Ce sont des lois auxquelles nous avons affaire à tout instant, chaque jour, tout au long de notre vie. Ce sont des lois que nous devrions connaître plus intimement que toutes les autres de l'univers.

Alors que les scientifiques et les explorateurs peuvent aller chercher des faits relatifs à l'existence humaine sur la Lune ou sur la planète Mars, ou que d'autres explorateurs peuvent creuser et fouiller les profondeurs des tombeaux ensevelis d'Egypte et des temples oubliés de Mésopotamie, il en est fort peu, par comparaison, qui accordent un minimum de pensée ou de temps à l'exploration de la conscience humaine et de l'intelligence divine en l'homme. Nous allons chercher les mystères en des lieux isolés et lointains et nous aimons sonder les choses étranges et cachées du passé et de l'éventuel avenir, mais nous négligeons totalement un merveilleux domaine d'exploration qui repose en nous et que nous pouvons découvrir aisément en nous asseyant confortablement dans nos fauteuils, puis en tournant nos pensées au dedans de nous et en analysant simplement les objets que nous remontons du tréfonds de cet Etre Intérieur qui constitue notre Etre réel.

C'est à l'intérieur du corps humain que sommeille la plus étrange de toutes les lois ! Toute idée acceptée par notre mental et notre conscience, sans aucun soupçon ni doute, sans remise en question ni contestation, devient pour notre corps une loi qui procède à la réalisation de sa nature, de son objectif, et de ses processus naturels. Toute idée que nous acceptons se transforme, d'état purement mental, en un pouvoir, une force physique dynamique, qui s'exerce, se déploie, se développe et se prolonge en accord avec des principes qui dépassent notre contrôle, sauf si nous nous servons des mêmes processus psychologiques pour nous opposer aux opérations dont cette force se sert pour matérialiser l'idée. Nous voyons donc que la vie et le bonheur de l'homme, sa santé et le plaisir qu'il prend aux choses dont Dieu l'a pourvu, dépendent de son acceptation d'idées, de la compréhension qu'il en a, de l'interprétation qu'il leur donne et de sa soumission inconsciente à leur développement naturel. Voilà où réside le secret de l'empoisonnement mental !

Chapitre V

Les modes d'administration de l'empoisonnement mental

Le mental humain a d'étranges caractéristiques et des tendances nombreuses et étonnantes. Deux d'entre elles ont un rapport direct avec notre sujet. La première est la tendance du mental, ou de la conscience humaine, à croire et à accepter catégoriquement comme une vérité ce qu'il désire croire ou ressent comme un hommage à ses facultés de raisonnement et à ses capacités d'arriver à de justes conclusions. La seconde est une tendance permanente à accepter la croyance, la vérité, le principe indubitable, d'une idée ou d'une conclusion qui concorde avec une ou plusieurs autres idées que le mental, ou la conscience, a parfaitement acceptées au préalable par expérience personnelle.

Relevant de ces deux tendances ou en constituant peut-être une troisième, le mental ou la conscience humaine a la faiblesse de préférer accepter et adopter une idée ou une croyance extraordinaire ou inhabituelle, unique, ou nettement différente des autres en certaines matières, lorsque cette idée ou croyance hors du commun est compatible ou en harmonie avec ses croyances et ses idées antérieurement acceptées. Autrement dit, cette troisième tendance, qui est réellement une faiblesse, a ceci de particulier qu'elle semble accorder au mental ou à la conscience d'un individu une sorte d'orgueilleuse satisfaction, lui donnant l'impression que son raisonnement antérieur ou son analyse d'idées précédentes l'emportait en qualité et en supériorité sur celui ou celle des autres, puisqu'il est arrivé à une conclusion unique, différente des opinions soutenues par le mental des masses. C'est une sorte de satisfaction née d'un raisonnement comme celui-ci : mon opinion est bonne parce qu'elle diffère de celle de la masse et prouve que ma manière de raisonner est meilleure, mon analyse logique des choses plus subtile et plus astucieuse, et ma conception mentale des faits et des principes plus vaste que celle des autres.

Si l'on considère cette dernière ou troisième tendance en la rattachant aux deux premières, nous voyons que le mental humain, même chez ceux qui manquent le plus d'instruction, chez les illettrés et ceux qui n'ont pas eu la moindre formation, aime à se considérer supérieur en de nombreux points au mental de la moyenne des gens qui sont en contact avec lui. De telles personnes aiment à lire ces histoires mystérieuses ou ces romans policiers qui entre les lignes du premier chapitre qui est en réalité le criminel ou le coupable, tout en ayant l'hypocrisie de fournir une intrigue suffisante pour faire croire au lecteur qu'il a su, par son astuce, deviner dès le premier chapitre son dénouement, et que cette découverte est toute à l'honneur de son intellect supérieur, de sa capacité d'analyse, et non le fait de quelque supercherie de l'auteur. Mais cette sorte de tour de passe-passe flatte la vanité du lecteur, et lorsqu'il constate au dernier chapitre qu'il est arrivé à la bonne conclusion dès le début même du récit, grâce à sa propre perspicacité, il est prompt à féliciter l'auteur, à le consacrer habile romancier et à ne plus vouloir acheter ou lire d'autres romans que les siens.

Cette même faiblesse tend à pousser l'individu à donner comme explication aux événements les plus ordinaires de la vie des causes surnaturelles plutôt que naturelles, uniquement parce que le mental des masses considère généralement le sujet autrement et écarte toutes les considérations surnaturelles. Même s'il conclut à des causes et à des conditions surnaturelles démenties par la science, il est prêt à accuser les scientifiques d'être des ignorants pétris de préjugés, se félicitant d'être lui-même meilleur juge. De telles personnes, par ailleurs normales dans leur vie quotidienne, aiment le mystérieux, car il est facile d'attribuer des situations et des conditions qui procèdent de lois inconnues, à des lois arcanes, archaïques ou supranaturelles et même à des miracles.

En matière de santé ou d'affaires, elles sont toutes prêtes à croire que leurs épreuves, leurs ennuis et leurs tribulations sont l'effet de quelque vague et indéfinissable loi ou principe d'ordre psychique, cosmique, spirituel ou mystérieux. Elle préfèrent croire que le sérieux coup de froid qu'elles ont contracté, et qui a entraîné chez elles une longue et mauvaise affection pulmonaire, n'est pas l'effet de quelque négligence ou manque de précaution de leur part, ni d'une auto-médication à laquelle elles ont essayé de se livrer avec des potions de leur invention, qu'elles ont adoptées après avoir exercé leurs facultés supérieures de raisonnement, ni de ce qu'elles ont négligé de faire appel aux soins et aux conseils éclairés de la médecine. Elles le mettent sur le compte de quelque mystérieuse influence lunaire, tache solaire, conjonction planétaire ou épreuve psychique.

Quand elles ne croient pas à ces formes superstitieuses de principes et de pouvoirs, elles sont portées à imaginer que le *«caractère peu commun»* de leur coup de froid, dans la mesure où il s'est prolongé plus longtemps qu'à l'ordinaire et a persisté malgré toutes sortes d'auto-médications, est dû à quelque étrange et inquiétant phénomène naturel. Il peut s'agir d'un poison insoupçonné provenant d'émanation de gaz domestique de la cuisinière, d'une odeur ou d'autres émanations diffuses provenant de quelque plante d'appartement placée dans l'une des pièces de séjour depuis un an ou deux ou d'une fuite non détectée de gaz, qui a peut-être envahi leur maison tout en ne produisant aucun effet sur les habitations voisines.

De telles personnes aiment à parcourir les annonces publicitaires des journaux, qui vantent des marques de médicaments ou des spécialités pharmaceutiques, décrivant les symptômes isolés de certains maux. Et quand elles trouvent dans ces annonces publicitaires la suggestion qu'à la base de leur maladie peut se trouver une cause très rare, surnaturelle ou mystérieuse, que les médecins ou les scientifiques ne soupçonnent pas, elles ont tendance à accepter de telles idées, car elles concordent avec celles qu'elles ont antérieurement adoptées par leur propre processus de raisonnement.

Que nous l'admettions ou non, nous sommes tous enclins à penser que notre propre mental, même si nous reconnaissons ne pas avoir bénéficié de tous les avantages de l'instruction que certains ont reçus, est tout simplement le meilleur à certains égards, et en particulier pour discerner la vérité derrière le voile du mystère. Nous hésitons à accepter l'opinion commune, l'avis général, la conclusion universelle, l'idée la plus populairement admise, car ce ne serait pas à l'honneur de notre propre raisonnement et ce n'est jamais la preuve d'une pensée supérieure. En fait, adopter l'opinion et la conclusion généralement acceptées sur n'importe quel sujet nous semble toujours revenir à reconnaître une certaine faiblesse mentale de notre part. C'est pourquoi, si de la masse des principes complexes de l'univers nous pouvons soudain extraire une nouvelle idée qui, logiquement, nous paraît expliquer notre problème actuel et qui, à bien y penser, nous semble plus judicieuse, nous nous plaisons à l'adopter, car c'est tout à l'honneur de notre aptitude à sonder les mystères de la vie, en nous l'appropriant et en nous assurant de sa véracité par un canal original. Nous avons ainsi le sentiment de réaliser la grandeur de notre mental et, accessoirement, de nous mettre en harmonie avec les merveilles d'un univers non révélé et de lui dérober l'un de ses plus beaux joyaux sous forme d'une pensée unique et spécifique.

Mais ces faiblesses et ces tendances mêmes du mental et de la conscience humaine constituent une porte ouverte, un libre passage à l'irruption et à l'invasion d'idées étranges, qui viennent fertiliser le terrain de notre conscience, la préparant à subir au plus haut point l'empoisonnement mental. Malheureusement pour l'espèce humaine, les divers modes d'empoisonnement mental qui peuvent ruiner et détruire une vie n'ont pas à être administrés de façon violente, et celui qui est susceptible de recevoir ce poison n'a pas non plus à être hypnotisé, induit au sommeil, drogué physiquement ou mentalement, ou maîtrisé de force, pour que l'empoisonnement mental s'immisce dans les recoins les plus profonds de sa conscience et y entreprenne son oeuvre déstabilisatrice.

Il est, pourrait-on croire, un peu paradoxal ou complètement absurde, mais vrai, que les poisons les plus violents, les plus virulents, susceptibles d'être introduits dans la structure mentale et la conscience des humains, sont plus faciles à administrer, plus rapidement acceptés, plus complètement absorbés et plus prompts à opérer des ravages, que tous les poisons chimiques ou substances nocives que connaît l'homme pour avoir consacré des siècles de son temps et de sa pensée à rechercher des antidotes et des méthodes d'immunisation et de protection contre leurs effets. Il a lutté avec logique contre les germes, microbes, bacilles, virus et tous les éléments destructeurs risquant d'affecter lentement ou insidieusement son corps, mais il n'a pas même consacré quelques minutes à réfléchir comment s'immuniser contre le pire de tous les toxiques. Si ce n'étaient sa faiblesse et ses tendances expliquées précédemment, autant que sa promptitude à accepter l'empoisonnement mental, l'homme ne serait pas devenu la victime des plus graves injustices jamais commises par des humains envers leurs semblables.

Nous allons maintenant examiner quelques formes de poisons mentaux et leur mode d'administration. Nous avons tout d'abord le poison mental qui provoque dans le corps des maladies ou certains maux physiques et mentaux handicapants sous forme d'états chroniques. Nous pourrions classer cette forme de poison en *«catégorie A»* non parce que c'est la forme la plus courante ou la plus universellement administrée, mais parce qu'elle se détache des autres formes de poisons par sa facilité d'administration, et que ses effets sont les plus terribles.

Les modes d'administration de ce poison sont nombreux, mais ils se classent en trois catégories : suggestions et commentaires oraux, suggestions visuelles, suggestions mentales et imagées. Nous allons en citer quelques cas typiques. Le premier est celui d'une jeune fille de dix-neuf ans dont la santé est si bonne qu'aucune compagnie d'assurances ne refuserait de lui établir une police d'assurance sur la vie. Elle n'a jamais été gravement malade, n'a aucune affection héréditaire importante, mène une existence saine et normale, et ses chances de vivre jusqu'à un âge avancé sont excellentes. Depuis treize mois, elle a l'habitude de prendre l'autobus pour se rendre à son travail et monte souvent dans le même chaque matin. Elle a peu à peu appris à connaître de vue un bon nombre de passagers, qui prennent avec elle le même car sur cette ligne, jour après jour. Pendant plusieurs mois, elle a remarqué qu'un jeune homme, qui s'asseyait généralement dans le même coin qu'elle pour lire le journal, avait cru nécessaire, pour quelque raison que ce soit, de quitter son siège dès la fin de la première demi-heure de trajet pour aller se poster sur la plate-forme arrière en plein air, où il pratiquait alors de profondes respirations. Au début, elle se demanda s'il s'agissait d'un simple exercice de culture physique, mais son raisonnement, toujours à la recherche d'une explication plus mystérieuse que celle du bon sens ordinaire, lui dit qu'il aurait pu faire ces exercices chez lui au lieu de les pratiquer dans les transports en commun. Son astucieux raisonnement, cherchant à nouveau une cause peu commune pour parvenir à une conclusion originale et unique, décida que le jeune homme avait peut-être peur d'une contagion et préférait introduire dans ses poumons un air meilleur. Cette pensée fit jaillir de la réserve de la mémoire de la jeune fille, le souvenir qu'il avait toujours quitté sa place pour se rendre sur la plate-forme arrière, après que le bus se fût rempli de passagers au point d'être bondé.

Dès que ce soupçon eût pris naissance dans sa pensée, il lui sembla remarquer, par cette faculté mentale qui se plaît à échafauder des conclusions plaisantes et mystérieuses sur des pensées antérieures, que chaque jour il devenait un peu plus pâle et paraissait se sentir un peu plus fatigué quand il se levait de sa place pour se frayer un chemin vers la sortie de la plateforme. Ne lui avait-il pas semblé aussi chanceler un peu de faiblesse en plusieurs occasions, alors qu'il descendait du bus en fin de trajet ? Il advint ensuite qu'une femme de quarante ans environ, assise tout au fond du car, eut un jour un évanouissement. Son visage se couvrit d'une pâleur semblable à celle du jeune homme sur la plate-forme arrière. On la descendit du véhicule et on l'emmena dans une pharmacie voisine pour la ranimer et la soigner, alors que les autres passagers poursuivaient leur trajet. Le lendemain, la femme se retrouva à sa place habituelle ; mais ne semblait-elle pas un peu plus pâle encore qu'auparavant ? Puis un matin, notre jeune fille remarqua que le jeune homme, comme la femme de quarante ans, étaient absents. Qu'avait-il bien pu leur arriver ? Le désir de résoudre ce mystère surgit dans la conscience de la jeune fille, désir envahissant qu'une véritable énigme jaillisse d'un problème. L'absence de ces deux personnes "devait" être liée à tous les incidents précédents qu'elle avait remarqués. Une maladie quelconque avait dû les frapper, et cette maladie venait sans doute de quelque chose qu'ils avaient contracté dans le car, lentement, mais sûrement.

La jeune fille arriva à son bureau et se mit à réfléchir. Etait-il vrai que les endroits surpeuplés étaient de véritables incubateurs de microbes, sources de maladies ? Les auteurs d'articles de fond et de santé des revues de vulgarisation scientifique avaient-ils raison de le soutenir ? Allait-elle tomber malade elle aussi en effectuant chaque matin ce trajet dangereux et nuisible pour la santé ? Elle se précipita devant un miroir pour examiner son teint. Oui, elle était plus pâle qu'elle ne l'aurait dû ! Devait-elle consulter un docteur ? Que pourrait-il lui dire ? Elle n'avait ni symptômes, ni maux, ni douleurs, et, naturellement, il ne croirait pas l'idée étrange et mystérieuse qu'elle avait mentalement développée par sa vigilante observation. Il pourrait même en rire. Elle allait attendre pour voir si quelque autre usager allait aussi tomber malade. Trois jours plus tard, au moment de descendre du car, elle décida d'éclaircir ce mystère en allant demander au conducteur s'il savait pourquoi les deux habitués ne faisaient plus le même trajet avec lui. Il lui répondit : *«La femme est morte il y a deux jours d'une affection cardiaque et pulmonaire qui s'était peu à peu aggravée. Le frère du jeune homme, un policier qui fait parfois le même trajet un peu plus tôt dans la matinée, m'a raconté que ce pauvre jeune homme est mort avant qu'on ait pu savoir s'il avait une tuberculose non diagnostiquée, ou une maladie de coeur. La seule chose dont on soit sûr, c'est qu'il avait dû attraper certains microbes au cours de la journée pendant ses allers-retours à son travail ou sur son lieu de travail même. La femme, à ce que j'ai compris, avait attrapé la scarlatine au cours des semaines passées. Les services de Santé se sont beaucoup intéressés au fait qu'elle a effectué le trajet aller-retour dans ce car pendant longtemps, alors qu'elle était en période d'incubation de la maladie. Le car a été désinfecté trois fois.»*

Horreur ! Les pires soupçons de la jeune fille étaient confirmés. Le trajet dans l'autobus était plus que dangereux. C'était du suicide ! Pas étonnant qu'elle ait l'air si pâle ! Au cours de cette matinée, elle éprouva par trois fois, à différents moments, comme une impression de flottement, une sorte de vertige, de faiblesse de la tête et de tout le corps. A midi, elle en parla à une amie. Celle-ci lui déclara : *«N'avez-vous pas lu dans les journaux qu'il y avait une épidémie de scarlatine en ville, dans le quartier de Fulton ? Mais n'est-ce pas de là que part votre car, chaque matin, en prenant quelques passagers ? Ne savez-vous pas que l'on attrape plus de maladies dans le métro, les trains et les autobus de New York et d'autres villes, que partout ailleurs ? Mais, vous savez, ces terribles microbes s'attrapent si progressivement que vous ne vous rendez pas compte que vous devenez malade, jusqu'au moment où vous constatez que votre visage pâlit de plus en plus ; puis un jour vous commencez à éprouver des vertiges, une sorte de faiblesse cérébrale ou physique. Cette faiblesse est le signe que la maladie a attaqué le cerveau et qu'il est alors trop tard pour que qui que ce soit puisse faire quelque chose. Même le vaccin ne peut vous sauver quand le cerveau est atteint, après avoir respiré et absorbé des microbes en des lieux aussi surpeuplés, où l'air est tout à fait insalubre. J'espère que vous n'avez jamais été en contact avec ces microbes, car vous êtes jeune, et les jeunes, entre dix-sept et vingt ans, atteints de scarlatine, en meurent généralement. Je suis bien placée pour le savoir, car j'ai perdu une soeur qui était institutrice et qui avait attrapé ces microbes justement de cette manière, au contact de certains élèves de sa classe. Ceux-ci ont été sauvés, mais ma soeur, qui avait vingt ans, en est morte.»*

Trois jours plus tard, la jeune fille commença à avoir des malaises et des vertiges. Espérant pouvoir être sauvée sans avoir à subir de douloureuses vaccinations et injections lombaires entre autres, elle alla voir un médecin et lui parla simplement de ses symptômes, mais pas de ses soupçons. Ne trouvant aucune cause réelle à ses vertiges, il lui déclara : *«Il semble que votre système nerveux soit affecté par quelque subtile et mystérieuse influence. Je dois attendre qu'autre chose se déclare avant de pouvoir établir un diagnostic précis ; mais en attendant, je vais vous donner cette prescription pour nettoyer votre organisme et vous purifier le sang.»*

Chaque jour qui passait voyait empirer ses moments de défaillance ; son visage était de plus en plus pâle, et son corps s'affaiblissait. Au bout de deux semaines, la jeune fille inquiéta sa famille en restant alitée avec de la fièvre, des propos divagants, du délire et un pouls rapide. Finalement, dans un de ses moments de délire, elle murmura : *«Je sais que j'ai la scarlatine. Je l'ai attrapée dans le car, mais je ne veux pas qu'on le sache. Ne le dites pas au docteur ! Deux personnes qui l'ont eue sont mortes ; je serai la suivante !»* La famille rapporta au médecin les étranges propos qu'elle avait entendus. Le lendemain, la jeune fille surprit les paroles du médecin qui chuchotait juste derrière la porte de sa chambre : *«Si c'est la scarlatine, elle est cérébrale, et à son âge, ce peut être fatal. Elle doit être en pleine crise à présent, et dans ce cas, son état peut empirer à tout moment, et il va falloir la surveiller attentivement cette nuit.»* En vingt-quatre heures, la jeune fille était tombée dans un tel délire, que la famille fut dans tous ses états et envoya chercher un spécialiste, qui reconnut dans ses murmures et divagations les symptômes d'une affection plus psychologique que physiologique. Il vit dans ces symptômes la forme d'empoisonnement mental qui obsédait la jeune fille. C'était, dans la conscience de celle-ci, comme si un démon s'acharnait à la détruire de l'intérieur. C'était comme si quelque esprit du mal s'était emparé d'elle et devait en être chassé, de la même manière que le montrait Jésus à ses disciples, en expulsant les mauvais esprits et les démons des malades, afin que ceux-ci puissent être guéris et retrouver la santé.

Le spécialiste s'assura du concours d'un éminent psychologue et, avec l'aide du médecin, ils parvinrent tous trois à ramener progressivement la jeune fille à la santé. Pendant des mois, persista dans le mental et la conscience de la jeune fille, l'horrible image de microbes flottant dans l'autobus et pénétrant dans son corps par ses narines et sa bouche, pour détruire ses globules sanguins, attaquer ses tissus cérébraux et la plonger mentalement dans un état de coma dont elle avait réchappé comme par miracle. Quand le poison mental avait-il été administré, et comment ? La première dose de poison avait été administrée par le conducteur du car, par son récit logique et désinvolte qui sembla combler les lacunes du mystère qu'elle s'était créé elle-même. Tout ce que ce chauffeur lui avait dit concordait magnifiquement avec ses propres conclusions. Son récit devait donc être vrai ! La seconde administration de poison fut la vue de son propre aspect, puis la sensation de sa propre faiblesse et de ses vertiges. Mais l'inoculation la plus forte de poison mental lui fut administrée par son amie qui, habilement, bien que certainement sans malice, lui décrivit comment le *«microbe»* de la scarlatine peut attaquer le cerveau, comment on peut l'attraper dans les transports, comment il s'était déjà propagé en ville, en particulier dans le quartier d'où ils partaient, et comment sa soeur était morte parce qu'elle était âgée de vingt ans ! Et enfin, la dernière dose de poison lui fut administrée par le médecin qui, sans précaution, sans réfléchir, fit des commentaires à proximité de l'oreille fine de la soupçonneuse jeune fille. Peu de personnes sont conscientes de la grande acuité auditive d'un malade qui craint qu'on ne lui ait pas dit la vérité, ou que son état ne comporte quelque élément mystérieux. Celui dont le mental est affaibli ou déséquilibré, qui semble être atteint mentalement de stupeur, ou de délire, possède souvent une conscience beaucoup plus aigue du moindre son, mouvement ou geste, ou de la moindre suggestion ou réflexion. C'est ainsi que la jeune fille alla presque à la tombe sous l'effet de conditions non pas imaginaires mais bien réelles. Ses malaises, fièvres, délires, n'étaient pas des hallucinations ni de simples états mentaux que des suggestions psychologiques auraient pu balayer en quelques heures ou que des affirmations verbales auraient pu corriger en quelques jours seulement. C'étaient des états physiologiques, pathologiques, qui avaient à la base une réalité histologique et ne pouvaient pourtant pas être modifiés par les méthodes thérapeutiques ordinaires ou usuelles de la médecine.

On ne connaît aucune médication, extrait de plantes, essence ou composé de substances quelconques, qui soit un véritable antidote du poison mental. Il ne peut être neutralisé et maîtrisé que par l'antidote d'une saine attitude mentale, divinement inspirée, que peuvent administrer correctement des êtres aimants, pleins de sympathie et de compréhension, qui sont prêts à lutter contre les processus de l'empoisonnement mental. Parfois, les efforts de ceux qui croient pouvoir dissiper ce poison par des contre-suggestions, en adoptant une attitude de plaisanterie ou de moquerie, ou en employant des arguments ou des statistiques, ne font qu'administrer davantage de poison encore. Ils poussent le patient à croire qu'on le soupçonne de faiblesse ou de folie, et que ceci explique le recours à de tels arguments et méthodes de suggestions contraires ; ou bien ils l'amènent à penser que son état est plus grave qu'il ne paraît et donc désespéré pour la médecine ou la chirurgie et qu'il faut, pour le combattre, employer des processus mentaux extraordinaires ou mystérieux. Ainsi, les amis et membres du corps médical aussi aimants, sympathisants et compétents soient-ils, peuvent, avec les meilleures intentions du monde, devenir des empoisonneurs, des administrateurs de poison mental, sans le vouloir.

Un autre exemple très courant et universel, est celui où une faiblesse physique, dont la cause est plus ou moins ordinaire, affecte l'organisme de quelqu'un, qui, n'ayant aucune idée de ce que peut en être la nature réelle, lit des annonces publicitaires et des articles sur la santé, pour essayer d'établir son diagnostic d'après leurs informations et de découvrir la vraie cause de ses maux ou symptômes épisodiques. Plus il cherche à établir un diagnostic correct, plus il essaie des remèdes en vain, et plus il finit par se persuader qu'il est atteint d'une maladie de nature très insidieuse et rare, qui est la manifestation de quelque mystérieuse ou étrange association. Le mental accepte cette conclusion et provoque des réactions, ainsi que nous l'avons montré dans le précédent chapitre de ce livre. Il en découle de véritables complications physiologiques, difficiles à analyser et encore plus difficiles à traiter. Le patient cherche alors à comprendre lui-même, en consultant des rapports, des exposés, des descriptions et illustrations de diverses maladies rares. Il tombe soudain sur la présentation d'une spécialité pharmaceutique ou sur quelque article de santé énumérant une série de symptômes qui concordent entièrement avec ceux qu'il a notés chez lui, et a alors immédiatement la conviction que la maladie indiquée par cette annonce publicitaire ou par l'article de la revue est la même que celle dont il souffre. Le fait d'en accepter l'idée établit une loi qui agit sur son corps, et sa conscience se met en devoir de créer et d'installer des symptômes identiques à ceux que le mental a acceptés.

Le patient, lors d'autres recherches, pour plus d'éclaircissements et d'informations, rejette toute explication attribuant ses maux et états de santé à des causes naturelles faciles à éliminer ; il ne prend en considération que les seules causes et conditions d'origine très profonde, mystérieuse et toujours grave et vitale. D'une heure à l'autre, son mental se concentre sans cesse et exclusivement sur la partie ou la région du corps où il soupçonne qu'est localisée la maladie. Il peut s'agir de douleurs diffuses qu'il éprouve dans tout le thorax. Parfois, elles peuvent ressembler à des crampes. Il peut s'agir de sensations de douleurs déchirantes, comme on en éprouve parfois dans les gastrites, ou dans les coups de froid et les inflammations des intestins, ou dans toute autre indisposition ou cause passagère et ordinaire d'états pathologiques.

Mais si le patient concentre sa pensée sur la vésicule biliaire, par exemple, convaincu qu'il a des calculs qui sont seuls responsables de son état, d'après ses lectures et la conclusion à laquelle il est arrivé mentalement, tous les maux, toutes les douleurs qu'il éprouve en n'importe quelle partie du corps, sont immédiatement rattachés par son mental à une origine dans la vésicule biliaire. Toute fluxion de sang, toute petite excitation mentale qui provoque une modification de son pouls, il les impute tout de suite à la vésicule biliaire et aux calculs qu'elle contient. Le patient poursuit ses recherches dans les ouvrages médicaux des bibliothèques, dans toutes les revues de santé disponibles, dans tous les prospectus ou toutes les notices pharmaceutiques qu'il arrive à se procurer, afin d'en apprendre davantage sur les calculs biliaires. Il écarte comme sans importance tout symptôme décrit qu'il ne constate pas en lui-même. Mais il grossit et amplifie chaque symptôme mentionné qui a quelque ressemblance avec ce qu'il éprouve, et l'assimile à l'un des siens. Les descriptions du processus de formation des calculs qu'il arrive à visualiser et à recréer mentalement finissent vraiment par se produire dans sa vésicule biliaire.

Peu à peu, la vésicule biliaire est atteinte, non comme le croit la personne ni selon ce qu'elle imagine, mais sous l'effet de l'empoisonnement mental, avec tous les symptômes, les signes pathologiques et physiologiques, les actions et réactions que peut ressentir un malade souffrant de calculs biliaires. Jour après jour, le patient concentre tous les récits d'autres personnes souffrant de calculs de la vésicule biliaire, toutes les morts soudaines de malades atteints d'un mal inconnu, tout ce dont il a souffert il y a des années, toutes les maladies de son grand-père et de sa grand-mère, et des centaines d'autres éléments, sur un seul point de son corps : la vésicule biliaire et ses calculs. Et, jour après jour, il s'administre un peu de poison mental par ses lectures, les histoires qu'il entend, les rapports de statistiques médicales qu'il parcourt et par son raisonnement illogique. Le patient devient un malade chronique et le fait que les médecins n'ont rien pu pour lui, n'ont pas trouvé le moindre calcul dans sa vésicule biliaire, ni rien qui soit à l'origine des douleurs qu'il ressent à cet endroit ou dans le reste du corps, constitue une autre preuve pour lui que son état est grave et donc très difficile à déceler. Un état chronique s'installe, prenant chaque jour de plus fortes proportions, et tant que le patient peut accepter et recevoir davantage encore de poison mental, cet état ne fait qu'empirer régulièrement, jusqu'à aboutir à la mort.

Mais les cas les plus terribles d'empoisonnement mental sont ceux où il est administré de façon délibérée, par méchanceté ou antipathie, par des amis ou des relations qui prétendent posséder une connaissance ou une vision approfondie des mystères de la santé et de la maladie, et qui donnent un flot d'explications volubiles et redondantes, toujours prompts à expliquer à autrui pourquoi il souffre de telle petite douleur, de tel mal anodin ou de telle anomalie imperceptible.

Quand nous prenons conscience qu'il n'y a pas d'âge où la santé est parfaite, qu'il n'est aucun moment ni aucune période de notre vie où notre corps possède en tous points un parfait état de santé, sans la moindre inflammation, congestion, obstruction, déficience ou pléthore en quoi que ce soit, ni la moindre impression de fatigue, de tension ou de faiblesse ; quand nous prenons conscience que nous avons tous et chacun quelque partie du corps susceptible de subir l'effet d'une violation de la loi naturelle, d'éprouver une réaction à quelque erreur commise contre la santé, ou de protester contre l'ingestion de quelque aliment ou boisson ; quand nous prenons conscience qu'il se passe peu de semaines dans l'année où une partie de notre corps, de notre organisme, n'est pas préoccupée à combattre quelques microbes qui se sont introduits en nous par la respiration ou l'alimentation, et que ce fardeau imposé au système sanguin et au coeur peut produire certaines sensations sans gravité ni importance ; quand nous prenons conscience de tout cela, il ne faut pas s'étonner si le mental humain, sans cesse soucieux de notre santé, et désirant essentiellement conserver et protéger le corps, toutes ses facultés et tous ses pouvoirs, offre un terrain fertile à l'implantation de toute idée ou pensée susceptible de lui être administrée sans qu'il prenne la précaution de l'analyser et de la filtrer avec soin par la réflexion.

Il est donc facile de comprendre comment un individu, anxieux de savoir pourquoi et comment certains troubles bénins ou passagers de son corps ont pu se produire, ou quelle sera leur conséquence, peut être amené à mal diriger ses pensées et à laisser tout son processus d'analyse s'intoxiquer sous l'effet induit par l'empoisonnement mental d'un ami, d'une relation, d'une connaissance, ou même de quelque médecin ou homme de science, qui parle sans prendre garde ou sans réfléchir et peut, accidentellement et en toute innocence, administrer la dose de poison la plus virulente et la plus destructrice qui soit, par une remarque fortuite ou quelque long discours dans le but d'éclairer l'entendement du malade.

Enfin, il y a les femmes bien-intentionnées qui aiment à raconter à une future mère quels jours redoutables les attendent, quelles complications de tous ordres risquent de se déclarer du jour au lendemain et les conséquences inattendues dont elles pourront souffrir, suite à leur grossesse parfaitement normale et naturelle ! Elles se complaisent à expliquer à la jeune mère inexpérimentée, remplie d'espoir et d'optimisme que c'est une grave erreur d'être trop optimiste, de trop compter sur les soins du médecin ou de la sage-femme, ou de trop se fier aux antécédents familiaux et ancestraux.

Elles aiment à déterrer de leurs sombres souvenirs du passé les quelques cas extraordinaires qu'elles auraient dû oublier depuis longtemps et qui, pour la plupart, ne se sont peut-être jamais produits, dans lesquels la future mère normale et en pleine santé fut soudain l'objet de terribles complications ayant entraîné un empoisonnement du sang ou un accident chez la mère et le foetus, avec pour effet la naissance d'un enfant anormal ou monstrueux ou encore la mort de la mère et du nouveau-né. Elles se plaisent à souligner qu'au cours des cinquante dernières années, plusieurs centaines de décès bizarres se sont produits au moment de l'accouchement, sans cependant mentionner que dans ce même laps de temps, il y eut peut-être des millions de naissances parfaitement normales, ou en omettant de dire que, dans ces quelques cas peu courants ou catastrophiques, les futures mères avaient une conformation anormale ou étaient affectées d'une grave maladie chronique ou encore avaient de très lourds antécédents héréditaires.

Ces inoculeuses d'un tel poison mental semblent jalouser la possibilité que la jeune et innocente femme enceinte, toute confiante et pleine d'espoir dans l'avenir, puisse avoir ce bel accouchement normal qui est le lot de la majorité des femmes. Elles semblent prendre plaisir à voir le front de la future mère se froncer, ses yeux s'assombrir de tristesse, ses lèvres frémir, au moment où elles lui exposent les affreuses éventualités qui peuvent l'attendre. Malheur à la pauvre jeune femme enceinte si elle avoue devant l'une de ces empoisonneuses du mental que l'avant-veille elle s'est fait mal au coude gauche en se heurtant contre le robinet de l'évier de la cuisine ou qu'en descendant les escaliers elle s'est accrochée le talon gauche et a trébuché, faisant un faux mouvement, mais sans tomber ni se cogner ; ou que l'autre nuit, au milieu de son sommeil, elle a été réveillée par une sensation de douleur, jamais ressentie jusqu'ici, entre les côtes, du côté gauche ; ou que le petit orteil de son pied gauche a eu une crampe, ou qu'il lui a semblé avoir un peu mal à une dent ces derniers jours. Tous ces incidents innocents, et chacun en particulier, absolument sans aucun rapport avec le bon déroulement de la grossesse, sont immédiatement grossis et la jeune femme se les voit présenter comme des indices sûrs d'une situation grave par ces matrones bien-intentionnées, qui lui rapportent alors des cas de femmes enceintes de leur connaissance, qui s'étant ainsi fait mal ou ayant eu des contusions, des maux ou des meurtrissures semblables, avaient subi ensuite les plus terribles conséquences en salle d'accouchement.

Elles aiment voir, ensuite, la jeune femme enceinte s'éloigner pesamment, comme écrasée sous une lourde croix par la dose de poison mental qu'elles viennent de lui administrer. Et si cette pauvre future maman souffre en fait un peu plus qu'il ne faut à la naissance de son bébé ou subit quelques petits incidents mineurs à l'accouchement, que ni les sages-femmes, ni les accoucheurs ne considèrent comme sérieux au point d'en consigner l'observation, l'une de ces empoisonneuses du mental est certaine de s'en emparer ensuite pour déclarer : *«Je lui avais bien dit ! Et elle va connaître pire encore avec son enfant !»* Puis elle ira vite raconter l'histoire à une autre femme enceinte, avec en plus l'étonnante prétention que ses prédictions précédentes à d'autres futures mères se sont vérifiées ; et ainsi la dose de poison inoculée aux autres sera renforcée du fait des petits incidents arrivés à la naissance du bébé du cas précédent d'empoisonnement mental. On a enregistré quantité d'autres cas semblables d'empoisonnement mental, où une personne mauvaise, un démon incarné si un tel être a jamais existé, s'est attaqué à ruiner et à détruire la vie d'un ami ou d'un ennemi, d'une relation ou de quelqu'un croisé sur son chemin.

Ainsi des hommes et des femmes ont délibérément fabriqué des doses de poison mental, s'écartant même de leur chemin pour aller les administrer à d'innocentes victimes. Ils ont non seulement semé des graines de méfiance dans la pensée de ceux qui avaient foi et confiance en des employés et en des amis, mais ils ont volontairement versé leurs doses de poison virulent sous forme de suggestions qui ressemblaient à la vérité et qui finissaient par s'avérer plausibles dans la pensée de la victime, jusqu'à ce qu'elle en vienne à se dire en elle-même : *«C'est juste ! Je n'avais jamais auparavant que tout ces faits avaient un lien entre eux et je vois maintenant que j'ai été et suis toujours victime de conditions sur lesquelles je n'ai aucun contrôle. Cela va me conduire au ruisseau, briser ma vie, me déshonorer ainsi que ma famille, et m'amener à la ruine complète. C'est trop tard : Je suis perdu !»* En vingt-cinq ans ou plus, au cours desquels des hommes et des femmes de tous niveaux, de toutes professions et classes sociales, m'ont écrit pour m'exposer leurs problèmes et m'ont rendu visite en quête d'une dernière planche de salut pour sortir de leurs affreux dilemmes, j'ai constaté que presque soixante-quinze pour cent d'entre eux souffraient plus de conditions inexistantes, si ce n'est dans leur mental, que de quoi que ce soit d'autre. Même lorsque leur situation ou leur condition reposait sur quelque événement réel qui était en soi plus ou moins désastreux, l'issue de ce problème, sa solution, la modification raisonnable et la correction des conditions étaient impossibles, bloquées et suspectées à cause de la dose de poison mental que leur avait dispensé quelqu'un désireux de les voir désespérés, abattus, pessimistes, et hésitant à s'en sortir ou à modifier leur triste condition. Je les ai accueillis en proie à de fausses croyances qu'on leur avait inoculées à la manière d'un poison, au point qu'ils ne pouvaient même pas considérer leurs propres problèmes avec réalisme, car ils n'avaient plus aucune confiance en leurs proches, en leurs parents ou en leurs amis, ni même dans les conseils ou les directives de spécialistes du corps médical. Oui, certains ont même douté de l'existence de Dieu ou de l'existence d'une miséricorde ou d'une justice en ce monde.

Puisqu'il est vrai que beaucoup d'entre nous peuvent parfois, malgré leur nature des plus sympathiques, aimables et conciliantes, faire une remarque, présenter une suggestion ou émettre une idée, une pensée ou une image mentale, immédiatement mal comprise ou mal interprétée et se chargeant ainsi d'une dose de poison qui atteint aussitôt le mental de l'interlocuteur et le hante, ceci illustre la nécessité qu'il y a de veiller soigneusement aux pensées que nous faisons naître dans notre propre mental et qui nous échappent sous une forme ou une autre en présence d'autrui en paroles, gestes ou suggestions imperceptibles.

Je me rappelle m'être trouvé un jour au chevet d'une femme qui était malade depuis assez longtemps pour soupçonner que son coeur s'était peu à peu affaibli et que sa fin était proche. Elle insistait pour que l'infirmière appelât sur l'heure un médecin pour vérifier son état cardiaque et respiratoire. Alors que je me tenais près d'elle, je vis entrer le médecin dans sa chambre. Il tira de la poche de son ample blouse blanche un stéthoscope pliant. Je le vis l'ajuster rapidement pour lui permettre de fonctionner et l'appliquer à la hâte sur le coeur qu'il tenta d'ausculter. Mais j'aperçus l'un des tubes en plastique de raccord de ce stéthoscope irrémédiablement entortillé et écrasé. Alors qu'il s'efforçait d'entendre quelque chose, le médecin le vit soudain, lui aussi, et ôta vivement d'un coup sec les branches du stéthoscope de ses oreilles en cessant d'en appliquer l'autre extrémité sur le corps de la patiente. Il s'en débarrassa aussitôt en le donnant à l'infirmière, tout en lui glissant à l'oreille de sortir lui en chercher un autre.

La patiente, qui avait surveillé le médecin avec une très grande inquiétude, à l'extrême limite de la plus grande tension intérieure, vit le médecin rejeter son appareil et se tourner vers l'infirmière d'un air peu satisfait, et elle s'exclama aussitôt : *«O mon Dieu, est-ce trop tard ?»* Sur ce, elle tomba sur le champ dans un état mental et physique qui l'amena au bord du coma. Elle s'était ainsi mise elle-même dans un tel état de choc et d'empoisonnement, en acceptant une dose de poison qui ne lui était pas destinée, et il lui fallut plusieurs semaines avant de retrouver son état normal. Elle faillit succomber au moment où ses nerfs la lâchèrent.

Le médecin, bienveillant, ne savait pas que son geste malencontreux d'ôter vivement le stéthoscope pour le remettre à l'infirmière derrière lui, avait été pour la patiente une suggestion mentale signifiant que son coeur s'était arrêté, que ses battements cardiaques étaient imperceptibles et qu'il ne servait à rien de s'acharner à vouloir les entendre. C'est ainsi que le mental humain est prompt non seulement à accepter de subtiles suggestions, mais à mal les interpréter et à les adopter comme une loi, comme un ordre pour le corps physique d'avoir à s'aligner sur la conclusion de telles suggestions.

C'est pour ces raisons, entre autres, qu'il incombe à tout être humain de bien surveiller ses pensées, ses paroles, ses gestes et ses actes. Le mental humain est plus impressionnable que la plus sensible des pellicules photographiques ou des membranes des microphones. Lors du tournage d'un film, on veille toujours à ce qu'il n'y ait plus de voitures dans la rue, à ce que ceux qui frappent des coups de marteau à l'extérieur ou marchent sur les allées de gravier ou encore chuchotent sur le plateau fassent silence pendant qu'on tourne des scènes du film, jusqu'à ce que retentisse le coup de sifflet ou de sonnette qui indiquera que le micro n'est plus branché. Ce dernier est capable de capter les moindres bruits à distance, bruits qui pourraient gâcher les scènes de tournage. Les nouvelles caméras de haute-fidélité, avec leurs objectifs et leurs pellicules ultra-sensibles, peuvent enregistrer en un centième de seconde le plus léger mouvement, même en des lieux sombres ou mal éclairés. Mais la vitesse des objectifs et du film, et la sensibilité de perception du microphone, ne sont rien, comparés au mental humain. Il peut saisir dans le seul regard ou coup d'oeil de quelqu'un, dans le frémissement de ses lèvres, le tremblement de sa main, le ton de sa voix, le choix de ses mots et de ses gestes ou expressions, un sens, une interprétation, une suggestion qui peuvent avoir sur lui un effet aussi ravageur que la plus puissante des tempêtes.

D'autre part, nous possédons aussi, grâce à ces mêmes pouvoirs et facultés du mental, la capacité d'émettre des idées, des suggestions ou des directives qui soient bonnes, constructives, purifiantes, créatrices, régénératrices, en les exposant avec sincérité et subtilité pour ne pas éveiller les soupçons sur leur finalité : celui d'apporter la santé, le bonheur, l'espoir, l'ambition et la résolution, même aux êtres les plus affligés et les plus diminués. Nous pouvons dispenser la joie au lieu du chagrin. Nous pouvons administrer l'espoir au lieu du découragement. Nous pouvons instiller dans le mental et la conscience d'autrui une attitude souriante, une force de volonté de plus en plus résolue, l'image d'un brillant avenir, une orientation vers de meilleures opportunités, un pouvoir purificateur pénétrant chaque partie de l'organisme et un influx divin de joie spirituelle qui redonnera jeunesse et salut à la plus désespérée des créatures.

Lorsque, il y a plus de trente-deux siècles, les sages psychologues et mages qui eurent pour mission de protéger les tombes de leurs rois bien-aimés firent graver dans le tombeau de Tout Ankh Amon l'avertissement, l'ordre, la claire malédiction que quiconque violerait volontairement les lois sacrées d'Egypte, en s'introduisant de force et dans une mauvaise intention dans la chambre mortuaire scellée du roi, encourrait la colère des dieux et en mourrait, ces sages commencèrent alors et continuèrent à administrer une dose de poison mental à de futures victimes inconnues qui, de leur plein gré, après avoir déchiffré cette mise en garde, acceptèrent spontanément ce poison et lui permirent de devenir pour elles une loi implacable, au point même de les conduire à la mort.

Table des matières

Ce livre, qui n'engage que les idées de son auteur,
est publié par la Diffusion Rosicrucienne
et sous l'égide de l'Ancien et Mystique Ordre de la Rose-Croix

Pour toute information, écrire à l'adresse suivante :

A.M.O.R.C.
Château d'Omonville
27110 Le Tremblay
France

www.rose-croix.org

OUVRAGES DÉJÀ PARUS

Collection Rose-Croix

- *Alchimie mentale*, par Ralph Maxwell Lewis
- *C'est à toi que je confie*, révisé par Sri Ramatherio
- *Code de vie du Rose-Croix*
- *Les Demeures de l'âme*, par Harvey Spencer Lewis
- *Dialogue imaginaire avec Dieu*, par Serge Toussaint
- *Le Disciple et Shamballa*, par Raymund Andrea
- *Les Doctrines secrètes de Jésus*, par Harvey Spencer Lewis
- *L'Empoisonnement mental*, par Harvey Spencer Lewis
- *Harvey Spencer Lewis, un Maître de la Rose-Croix*
- *Harvey Spencer Lewis, écrits d'un Maître de la Rose-Croix*
- *L'Idéal éthique des Rose-Croix*, par Serge Toussaint
- *La Maîtrise de soi et le destin,* par Harvey Spencer Lewis
- *Messages d'une Initiée de la Rose-Croix*, par Jeanne Guesdon
- *Mysticisme pratique*, par Edward Lee
- *L'Ontologie des Rose-Croix*, par Serge Toussaint
- *Pensées de Rose-Croix*
- *Questions philosophiques*, par Serge Toussaint
- *Réflexions rosicruciennes,* par Christian Bernard
- *Rose-Croix, histoire et mystères*, par Christian Rebisse
- *Le Sanctuaire intérieur*, par Ralph Maxwell Lewis
- *Sous le sceau des étoiles,* par Daniel Pierre
- *Sous les auspices de la Rose-Croix,* par Christian Bernard
- *Symboles secrets des Rosicruciens des XVIe et XVIIe siècles*
- *La Technique du Disciple*, par Raymund Andrea
- *La Technique du Maître*, par Raymund Andrea
- *La Trilogie des Rose-Croix*
- *L'Utopie rosicrucienne*, par Serge Toussaint
- *La Vie mystique de Jésus*, par Harvey Spencer Lewis
- *Zanoni ou la Sagesse des Rose-Croix*, par Sir E. Bulwer Lytton

Collection Martiniste

- *L'Homme-Dieu*, par Jean-Baptiste Willermoz
- *Le Ministère de l'Homme-Esprit*, par Louis-Claude de Saint-Martin
- *Le Nouvel Homme*, par Louis-Claude de Saint-Martin
- *Saint-Martin, le Philosophe Inconnu*, par Jacques Matter

– *Sursum corda*, par Xavier Cuvelier-Roy
– *Tableau naturel*, par Louis-Claude de Saint-Martin
– *Le Temple du cœur*, par Louis-Claude de Saint-Martin
– *Traité sur la réintégration des êtres*, par Martines de Pasqually
– *Les Voies de la Sagesse*, par Louis-Claude de Saint-Martin

Collection Université Rose-Croix Internationale

– *L'Apocalypse de Jean, lumières et clefs*, par Philippe Deschamps
– *Dieu*, œuvre collégiale
– *L'Éducation, une alchimie subtile*, par Daniel Pierre
– *L'Évolution, de la matière à la conscience,* par Jean-Marie Beduin
– *Féminin actif, féminin solaire*, par Valérie Dupont
– *Formes et nombres sacrés*, par Louis Gross
– *Les Glandes endocrines et notre santé*, par le Dr Paul Dupont
– *Le Graal, une quête intérieure*, par Philippe Deschamps
– *Les Grandes Voies de l'amour*, par Aline Charest
– *L'Héritage spirituel de l'ancienne Égypte*, par Christian Larré
– *Kabbale et Connaissance,* par Josselyne Chourry
– *Le Karma,* par Thierry Guinot
– *La Mort, l'autre côté de la vie*, par Robert Blais
– *Les Mystères de la mort et de la réincarnation*, par Philippe Deschamps
– *Les Oligo-Éléments, équilibre vital*, par le Dr Paul Dupont
– *Le Pèlerinage à Compostelle : une quête spirituelle*, par Michel Armengaud
– *La Prière du cœur*, par Aline Charest
– *Propriétés physiques et psychiques des huiles essentielles*, par le Dr P. Dupont
– *Les Rêves, messagers de l'âme*, par Robert Blais
– *Sia Néfer, prêtre du temple de Memphis*, par Christian Larré
– *Le Stress et la découverte de soi*, par le Dr Paul Dupont
– *Le Temps*, œuvre collégiale
– *L'Univers des mantras*, par Thierry Guinot
– *Musique et mysticisme*, œuvre collégiale
– *Utilisation pratique des compléments alimentaires*, par le Dr P. Dupont
– *Les Vitamines, source de vie*, par le Dr Paul Dupont
– *La Voie cathare*, par Bertran de La Farge
– *Votre santé selon les 4 tempéraments*, par le Dr Paul Dupont

Collection Spiritualités, Arts et Sciences

- *Dieu est l'amour le plus pur,* par Karl von Eckartshausen
- *L'Ésotérisme de l'histoire*, par Serge Hutin
- *Lettres à un disciple*, par R. A. Schwaller de Lubicz
- *Mysticisme*, par Evelyn Underhill
- *La Nuée sur le sanctuaire*, par Karl von Eckartshausen
- *Les Petits Points bleus du Bon Dieu*, par Guy Bourhis
- *Sept voyages au cœur du merveilleux*, par Joël Contival

Édition et impression :
ISBN 978-2-908534-46-7 – Dépôt légal : novembre 2002
Cinquième édition : janvier 2012